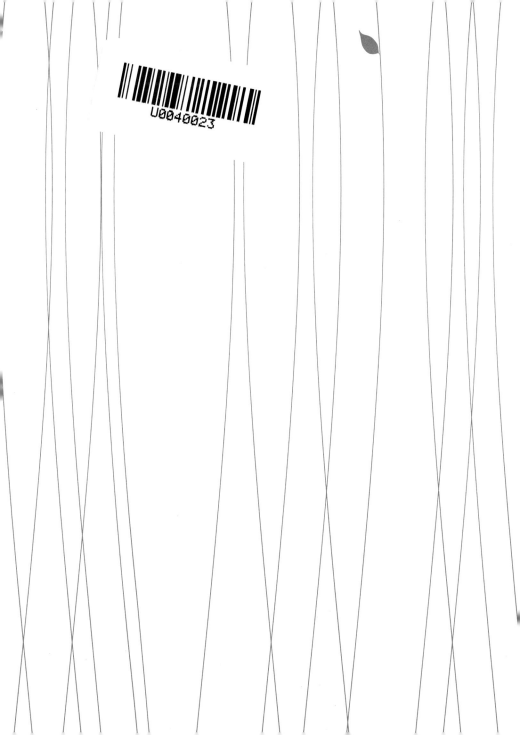

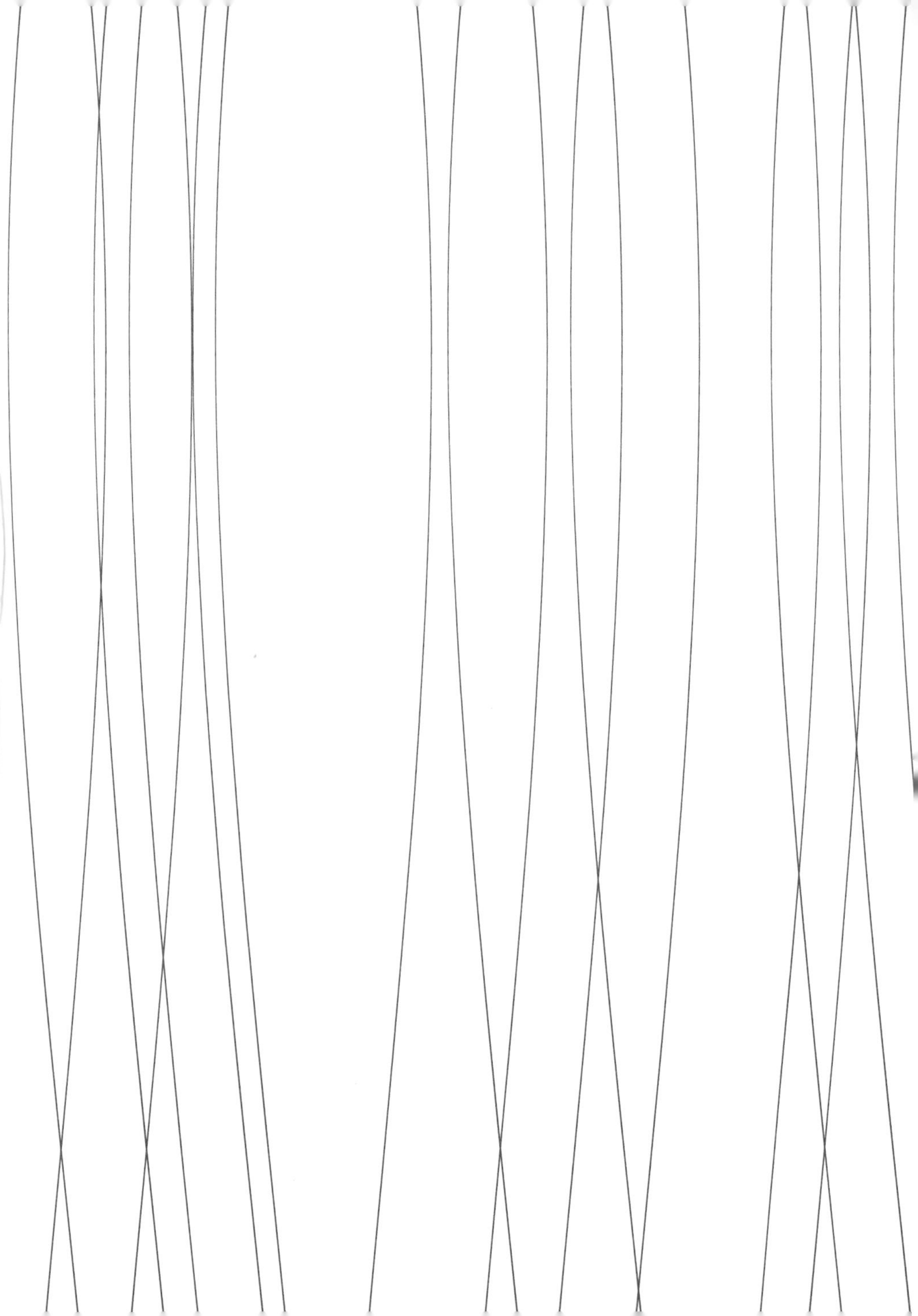

黃金之葉

行進於知識的密林裡，
途徑如此幽微。
我們尋覓一些參天古木，作爲指標，
我們也收集一些或隱或現的黃金之葉，引爲快樂。

黃金之葉 10

Net and Books 網路與書

笛卡兒談談方法 Discours de la méthode

作者：笛卡兒 René Descartes
譯者：王太慶
導讀：郝明義
責任編輯：李佳姍
封面設計：張士勇工作室
法律顧問：全理法律事務所董安丹律師
出版者：英屬蓋曼群島商網路與書股份有限公司台灣分公司
台北市10550南京東路四段25號11樓
TEL：886-2-25467799 FAX：886-2-25452951
Email：help@netandbooks.com
http://www.netandbooks.com

發行：大塊文化出版股份有限公司
台北市10550南京東路四段25號11樓
TEL：886-2-87123898 FAX：886-2-87123897
讀者服務專線：0800-006689
Email：locus@locuspublishing.com
http://www.locuspublishing.com
郵撥帳號：18955675
戶名：大塊文化出版股份有限公司

總經銷：大和書報圖書股份有限公司
地址：新北市新莊區五工五路2號
TEL：886-2-8990-2588 FAX：886-2-2290-1658
排版：帛格有限公司
製版：瑞豐實業股份有限公司

初版一刷：2007年11月
初版七刷：2016年10月
定價：新台幣220元
ISBN：978-986-6841-11-8

我思故我在

Je pense, donc je suis.

國家圖書館出版品預行編目資料

笛卡兒談談方法 / 笛卡兒（René Descartes）著；
王太慶譯. -- 初版. -- 臺北市：網路與書
出版：大塊文化發行, 2007.011
面；　公分. --（黃金之葉；10）
譯自：Discours de la méthode

ISBN 978-986-6841-11-8（平裝）

146.31　　96018502

笛卡兒談談方法

郝明義　導讀
王太慶　譯

Discours de la méthode

René Descartes

目錄

導讀

遇見笛卡兒之前的二十年路程

郝明義

我在韓國讀的中學。中學，本來就是血氣方剛，年少輕狂的年紀，加上韓國人容易激動的社會氛圍，就更容易心情澎湃。

所以，前陣子有人問我，中學時代記憶最深的是什麼，我回答的，是朋友，以及音樂——搖滾樂。

說起心情澎湃，除了朋友和音樂，還有什麼？

是那些朋友，帶著我去了許多危險的和平常的地方，進出了許多學生該去與不該去的場所，讓我個性的發展沒有受任何肢體不便的限制。

是音樂，從 Beatles，Moody Blues，到 Deep Purple，一首首可以跟著嘶吼到啞了嗓子的歌，讓我沒有缺少吶喊與宣洩。

在那個莽撞的歲月，人生的規劃，談不上。未來的方向，不清楚。唯一明確的，就是中學畢業了要去台灣。

去台灣？隻身遠渡重洋，拄著拐杖如何自理生活？在那個坐式馬桶並不普及的時代，如何解決上廁所的問題？別人問。

不知道。反正去了再說。船到橋頭自然直。不是有這句話嗎？

我這樣來了台灣。的確冒著相當風險。

不過，風險是有回報的。

對一個當初只是憑著一股激越之情而執意前來的少年，台灣給了他當初並沒有想像到的一切。

◎

諸如此類的事情，使得我從中學階段形成的個性是，相當依賴感性與直覺行事。或者簡化點說，很依賴「感覺」行事。

我相信置之死地而後生，因而往往孤注一擲。

我相信抉擇本來就需要魄力，因而喜歡手起刀落，即使不小心切到自己。

我相信事難兩全，做大事者不拘小節，因而不忌粗枝大葉。

很幸運地，只能說上天保佑，這樣一個對未來沒有計劃，做事情不善週密，性格又經常衝動的人，一路在工作生涯中還逐漸能夠有其發展。

直到三十歲前後，我意識到個性中這些傾斜，對如此的自己甚感不喜，因此想做大幅度的調整。

我開始刻意練習觀察事情要有不同角度，從內看，從外看，從大看，從小看。甚至，置身在一個眾人談話的環境裡，練習從自己的視角看，再從一個虛擬的空中鏡頭的視角看。

我努力練習當自己直覺已經決定要奔騰的時候，趕快加幾條韁繩牽絆。

我仔細練習從事情最細微的末節，注意其分寸的差異。

這樣花了二十年的時間調整，雖然總是漏洞百出，改不勝改，然而方向卻算是明確的，那就是希望節制自己太過倚仗感性與直覺行事，多加入一些理性與方法。

有沒有用？

眞不見得。

二十年的前十年，是屢戰屢敗，奮力而爲。後十年，是屢敗屢戰，略有心得。

這要感謝《金剛經》，以及六祖惠能大師的口訣。這些口訣言簡意賅，讀誦多年，不斷有翻新的感受與體會，成了我工作中、生活中的終極指引，大幅修正了我易於往感性傾斜的慣性。

更根本的，是知道了自己曾經很倚仗的「直覺」，是多麼地虛妄而又不可靠。當一個人的心念混亂，尤其很容易受外在情境的影響而澎湃，掀起重重波濤的時候，所謂「直覺」，其實往往不是「幻覺」，就是「執著」。

這有點像是所謂的「點子」與「創意」之別。「點子」與「創意」，很容易為人所混同，然而一個任何人都可以異想天開的「點子」，和一個專業訓練有素的人的「創意」，來路大不相同，其作用力及價值也大不相同。

《金剛經》的鍛練，讓我明白過去自以為是的「直覺」之不可倚恃。要從頭練習認識自己的心念，對心念有所掌握，去除種種不必要的執著，拂開隨時飄浮而來的幻覺之後，才能談得上「直覺」。為了區分前後兩種「直覺」之不同，後面的這種也許可以術語稱之為「直觀」。

在這個練習的過程中，六祖的《金剛經》口訣，有一句我特別受用：「覺諸相空，心中無念。念起即覺，覺之即無。」尤其是後面兩句「念起即覺，覺之即無」，讓我可以逐漸練習，從第一手時間就設法觀察到那些披著各式偽裝彩衣的執著與幻覺。

雖然說《金剛經》是超脫於感性與理性之外的，但是對我這個愚鈍之徒而言，卻因為先幫我消除了過度往感性的傾斜，所以相形之下也就多留出一些空間給理性與方法進場接手。相當大程度上，《金剛經》成為我理性的基礎建設。（我對《金剛經》

與六祖口訣的一點心得，會寫另一篇文章再供討論。）

有了這些基礎建設，我才有了可以觀察自己，逐漸改變自己的工具。

我練習去除孤注一擲的傾向，寧可相信雞蛋多放在幾個籃子裡。

我練習不再相信兵貴神速，寧可謀定而後動。

我練習事事注意分寸，寧可被看作是謹小愼微。

至於基礎建設之外所使用的方法，則雖然也參酌些別人的經驗，但主要是我整理自己實戰經驗而得來的。

直到我讀了《談談方法》。

◎

有一些書，是「傳說中的書」。傳說的意思是，總是聽過而沒讀過。

《談談方法》，正是代表之一。

多少人聽過這本書裡所談的「我思故我在」，朗朗上口，但又多少人根本沒讀過這本書。因爲沒讀過，因而這又是很容易被誤解的一本書。

《方法論》是一般人常稱呼這本書的書名，但卻是錯誤的書名。《談談方法》的原書名是《談談正確運用自己的理性在各門學問裡尋求眞理的方法》，由於太長，所以簡稱爲《談談方法》。笛卡兒的原意，認爲他談的方法是可以爲每一個人所用的，並且不想讓人覺得深奧難解、扳起臉來說教，因此他堅持稱之爲「談談」，而不說是「論」，只可惜今天大家仍然習稱爲「方法論」，忘了笛卡兒的本意。

笛卡兒自述早年進的是歐洲最著名的學校，並且「以爲讀書可以得到明白可靠的知識，懂得一切有益人生的道理，所以我如飢似渴地學習。」

但是他畢業後卻看法大變，「發現自己陷於疑惑和謬誤的重重包圍」，因此做了這樣的決定：「除了那種可以在心裡或者在世界這本大書裡找到的學問之外，不再研究別的學問。於是趁年紀還輕的時候就去遊歷，……」

然而，這一段考察各地風俗人情的經歷（其間他甚至參與過一場戰爭），除了讓他大開眼界之外，仍然無助於讓他發現過去在書本所沒有發現的眞理。於是他下定決心：「同時也研究我自己，集中精力來選擇我應當遵循的道路。這樣做，我覺得取得的成就比不出家門、不離書本大多了。」

而後，他就把自己的心得整理爲《談談方法》。

◎

這本書裡談的「我思故我在」，是大家耳熟能詳的。但這裡的「思」，也是很受誤解與誤用的。

笛卡兒說的「思」，其實是「懷疑」。他的「談談方法」，其實也就是談談怎麼對自己不明白的事情抱持懷疑，以及如何由懷疑而建立自己對事物認知，以及瞭解的方法與過程，還有一些伴隨的行爲準則。

笛卡兒認爲，所謂的「智慧」，「指的並不只是處事審慎，而是精通人能知道的一切事情，以處理生活、保持健康和發明各種技藝」，而「這種知識要能夠做到這樣，必須是從一些根本原因推出來的……也就是本原」。（見本書附錄《哲學原理》的法文版譯本序文。）

而他在摸索，思考這個「本原」的時候，用的就是他所說的：「任何一種看法，只要我能夠想像到有一點可疑之處，就應該把它當作絕對虛假的拋掉。」因此，思考最重要的是「懷疑」。所以，「我思故我在」裡的「思」，不是別的，是「懷疑」。

因此，笛卡兒談了談他的四個方法，原話就清楚明白，眞的是「談談」：

第一條是：凡是我沒有明確地認識到的東西，我絕不把它當成眞的接受。

第二條是：把我所審查的每一個難題按照可能和必要的程度分成若干部份，以便一一妥爲解決。（英文譯本中則強調切分的「部份」越多越好。）

第三條是：按次序進行我的思考，從最簡單、最容易認識的對象開始，一點一點逐步上升，直到認識最複雜的對象；就連那些本來沒有先後關係的東西，也給它們設定一個次序。

最後一條是：在任何情況之下，都要盡量全面地考察，盡量普遍地複查，做到確信毫無遺漏。

由於這是一條從懷疑到認知到明白的過程，很顛覆，也可能很漫長。過程中，就像打掉舊屋要重建，新屋沒建起來的時候，需要有一個暫時的居處，因此他爲了「受到理性的驅使，在判斷上持猶疑態度的時候，爲了不至於在行動上猶疑不決，爲了今後還能十分幸運地活著」，所以給自己定了一套臨時的行爲規範。

這幾條行爲準則，歸納整理起來是這樣的：

一、遵從這個社會及法律的規定。在所有的意見中，採取最遠離極端，最中道之見，來約束自己。

二、在不明白自己的選擇是否正確時，要跟從或然率。看不出或然率大小比較的時候，還是要做一抉擇。一旦抉擇，就不再以爲它們可疑，而相信那是最可靠，最正確的看法，果斷堅決，不再猶豫，反覆無常。就像密林中迷路的人，總要前行，不能停留在原地。

三、永遠只求克服自己，而不求克服命運。只求改變自己的願望，而不求改變世間的秩序。要始終相信一點，除了我們自己的思想，沒有一樣事情我們可以自主。盡自己最大的努力去改善。改善不了的，就是不可能的。不可能的事，就不要去痴心妄想。這樣也就可以安份守己，心滿意足。

笛卡兒說：「憑著這種方法，我覺得有辦法使我的知識逐步增長，一步一步提高到我的平庸才智和短暫生命所能容許達到的最高水平。」

笛卡兒的《談談方法》的重點就是如此。

笛卡兒在啓蒙時代裡被奉爲旗手，《談談方法》則是瞭解近代西方文明，也是瞭解「理性」之所以然的最基本、也最根本的起步，不是沒有道理的。

◎

也許有人會說，從《談談方法》這些重點來看，每一點都沒什麼神奇，都可以在中國文化裡找到相對照之處。

強調人之應該以人的理性來行事，我們早就有「敬鬼神，而遠之」的說法。「我思故我在」的懷疑精神，我們有「格物致知」可以對應。全面收集、考查資料的方法，我們有考據之學可以對應。

說是要「遵從這個社會及法律的規定。在所有的意見中，採取最遠離極端，最中道之見，來約束自己」，那不就是我們的「中庸」之道嗎？

說是「一旦抉擇，就不再以爲它們可疑，而相信那是最可靠，最正確的看法，果斷堅決，不再猶豫，反覆無常」，那不就是我們的「百折不回」嗎？

「永遠只求克服自己，而不求克服命運。只求改變自己的願望，而不求改變世間的秩序。」那不就是我們的「樂天知命」嗎？

然而，我覺得，還是大不相同的。

笛卡兒《談談方法》出現的背景，是在歐洲脫離中世紀，擺脫宗教與上帝的束縛之後，回到人的世界，以理性主義而揭開的啓蒙時代。

西方文明的起源，就有「神」與「人」的對立，「神」與「人」的相爭。基督信仰的一神論，把神的力量統一也擴大到極致，相對而言，人的存在與掙扎，則更微不足道。因此，一旦中世紀漫長的「神」的時代結束，人開始以人的角度與視野來面對宇宙與知識架構，也就是進展到「人」的時代，那就努力把人之爲人的「理性」，做了最徹底也最系統的探索。

中國文明，情況大不相同。中國沒有「神」與「人」的對立，是因爲我們本來就是「天、地、人」三才的宇宙觀，以及因此而生的知識系統。這是一種「超自然」、「自然」與「人」並存的文明，「儒」、「道」、「釋」三家能在這個文明裡融合得這麼自然，不是沒有道理。

因此，中國人的理性裡，從來就可以接受許多「不可說」的部份。我們且不談佛家。我們看看先秦的人物裡，即使可說是理性思考的極致的韓非子，也都深受老子「道可道，非常道」所影響，就知道中國思想裡如何一直爲「不可說」的部份留著相當大的空間。韓非子鉅細靡遺地把人性與管理之道做了解剖式的分析之後，最後還是要說那終究之道是「以爲近乎，遊於四極；以爲遠乎，常在吾側；以爲暗乎，其光昭昭；以爲明乎，其物冥冥」。

中國思想，沒有「不可說」的部份就不足以稱之。這和西方近代以笛卡兒等人爲代表，企圖以人的理性，解析宇宙及人類知識系統所有未解之處的努力，大不相同。所以，兩者固然都有個別的「理性」方法可以對照，但不該等同視之。

更應該重視的，是一些個別的「理性」方法儘管類似，但能不能形成系統。

笛卡兒的《談談方法》，其實最厲害的還是四個方法使用的順序，以及搭配的三個行爲準則，相互架構出一個系統。這些方法一旦可以形成系統，那就和單獨存在與使用的時候，形成完全不同的作用與意義。

是這些原因，讓我覺得不能因爲說是笛卡兒所談的，都可以在中國文化裡找到相對照之處，就小看了《談談方法》這本書。

起碼，對我個人來說，有一個方法的系統，和只是有許多方法的組合，是截然不同的。

◎

就一名讀者而言，我終究是要爲自己在五十多歲之後，爲「理性」是怎麼回事苦苦思考了二十多年之後，才讀到《談談方法》，而心存感激。（一如我要感激在四十四歲那年才讀到《如何閱讀一本書》。）

讀了《談談方法》之後，我終於有機會全面對照自己曾經練習過的各種理性思考的方法，並且瞭解了這些方法就一個系統與架構而言的意義，與作用。

我曾經寫過一篇文章，談自己讀了《韓非子集釋》之後，感嘆自己對管理一事的體會云云，與古人相形之渺小。讀了《談談方法》之後，則爲自己花了這麼長的時間思考理性是怎麼回事、尋找理性的方法，而所獲的線索與心得，都早在笛卡兒的書中完整地呈現，感到啼笑皆非。

我當然不是說自己要就此排斥包容著「不可說」的思想體系。我是相信，讀了《談談方法》之後，可以給一向習於在思考中容納些「不可說」的自己，更多「可說」的探索與推展。有系統地使用理性來進行這種探索與推展，一定會帶給我很大樂趣。

會。

我的收穫還不只如此。讀了這本書，我對《金剛經》的體會，其實也更別有體會。

譬如，笛卡兒說，「在不明白自己的選擇是否正確時，要跟從或然率。看不出或然率大小比較的時候，還是要做一抉擇。一旦抉擇，就不再以爲它們可疑……」

這段話裡，笛卡兒沒有解釋，如果「看不出或然率大小比較的時候，還是要做一抉擇」的話，到底要如何抉擇。

這總不會是個丟銅板的事情。

在這一點上，正是超脫理性與感性的《金剛經》所可以著力之處。

是這些理由，讓我身爲一個出版人，不能不出版《談談方法》。也不怕見笑，把自己一段二十年的掙扎過程記在這裡。

附記

有關《談談方法》，另有一點雖然不在笛卡兒寫作《談談方法》的本意之內，我還是想在這裡提一下。

那和閱讀有關。

談到閱讀，大家不免會想到「開卷有益」、「多多益善」。只是在考試教育主導的我們社會裡，由於「閱讀」跟「讀書」跟「考試」跟「學歷」等等劃上了等號，所以這些鼓勵閱讀的話也都很容易變質，有所扭曲。

其中最嚴重的一個，是我們把閱讀應有的方法、速度和習慣，都制式化了。——因應考試教育而有的制式化。這種制式化，就是不論任何書，我們都容易養成非要從第一個字讀到最後一個字，甚至還非得記下來不可的習慣。在考試的壓力下，任何一題的分數都可能影響升學如此鉅大的時候，當然課本裡任何段落，都不該輕易放過。

大約形成於中學六年的這種制式閱讀習慣，會跟隨我們很長的時間，有很深遠的影響。

然而閱讀不應該如此。對於書，我們要注意多讀一些的時候，又必須不能不注意要少讀一點。對於不同的書，則更要有不同的閱讀方法。

書固然要多讀，但也不能不注意少讀一點的說法，中外皆有。清朝的李光地說：「如領兵十萬，一樣看待，便不得一兵之力；如交朋友，全無親疏厚薄，便不得一友之助。領兵必有幾百親兵死士，交友必有一二意氣肝膽，便此外皆可得用。」是這個意思。

叔本華說：「讀書時，作者在代我們思想，我們不過在追尋著他的思緒，好像一個習字的學生在依著先生的筆跡描畫。」因此，「讀書時，我們的頭腦實際成爲別人的思想的運動場了。所以讀書甚多或幾乎整天讀書的人，雖然可藉此養精蓄銳，休養精神，」但是卻會「漸漸喪失自行思想的能力，猶如時常騎馬的人終於會失去步行的能力一樣。」也是類似的意思。

如果我們要提醒自己如何獲得少讀書之妙、之要，《談談方法》正是最好的一個代表。《談談方法》就是李光地所謂那「有一二意氣肝膽，便此外皆可得用」的書之一。《談談方法》也是叔本華所謂讀了而不致「漸漸喪失自行思想的能力」的書之一。（笛卡兒本身就是從放下書本之後，才整理出這些方法的。）

所以，我曾經說「這本書告訴我們少讀書或不讀書也能追求智慧的方法，但也告訴我們閱讀的終極方法。」

然而，如此有關閱讀終極方法的這麼一本書，卻有一章是我們可能不需要讀的。這一章就是「第五部分」。

在這一章，笛卡兒主要談的是心臟的結構與作用，而今天我們知道，要了解心臟的結構與作用，有遠較更方便的圖文書，以及影像解說。

對於不同的書，本來就要有不同的閱讀方法。

有些書，只需要讀其中的一章。

有些書，就是其中的某一章不需要讀。
有些書，需要跳過開頭的兩章從第三章讀。
有些書，需要先讀最後一章。
有些書，需要從第一章的第一個字讀到最後一個字。
而一本可以稱之爲閱讀終極方法的書，竟然也有「其中的某一章不需要讀」，可以給我們一些提醒。

譯序

笛卡兒生平及其哲學①

王太慶

勒內．笛卡兒（René Descartes, 1596–1650），法國人，西方近代哲學的創始人之一，一位在哲學史上起了重要作用的哲學家。歷來人們對笛卡兒哲學的評價是多種多樣的，有的非常高，有的差一些，但是全都承認他是第一流的哲學家。只有我國某些作者不這樣看，認爲只有他的物理學有點價值，其他部分不是這樣荒唐，就是那樣反動，因此整個看來笛卡兒哲學是一種畏首畏尾的、自相矛盾的、錯誤百出的末流思想。這種看法前一個時期甚至在我國佔了統治地位，被認爲是科學定論。近年來有所轉變，有些人對這個定論的科學性發生懷疑，認爲需要重新考慮。本文試圖把笛卡兒這個人和他的哲學思想放在辯證發展的歷史長河中再考察一次，提出一點自己的見解，供大家參考。

一、笛卡兒的一生

笛卡兒生在十六世紀末年，死在十七世紀中葉。在他活動的時期，新興的資產階級已經在歐洲登上了歷史舞臺，正在積聚力量，爲進一步發展壯大而鬥爭。在少數先進地區，例如英國和荷蘭，資產階級已經初步取得政權；但是在大部分地區，封建勢力還佔統治地位，資產階級還處在被壓迫的無權狀態中，笛卡兒的祖國法國就是這樣。

法國的資產階級比英國和荷蘭的資產階級幼小，但並不是軟弱無能或怯懦退縮。這個初生之犢滿懷希望，躍躍欲試，已經看出封建制度日薄西山的頹勢了。在笛卡兒身上可以明顯地看到這一點。

他出身貴族，父親是布勒丹省法院的法官，把他送入著名的拉．弗來施（La Fléche）公學，接受耶穌會士的正規傳統教育，希望他接貴族的班。但是他完全沒有做官當老爺的意思，一心撲在新科學上，父親一死就把采地賣光，將所得款項投資，靠紅利過活了。

這就是說，他已經自覺地改變身分，在思想上、社會上、以至經濟上都變成了資產階級分子。法國資產階級以它的遠大前程吸引了笛卡兒的加入。笛卡兒能夠做這種事情，而且做得很利索，正說明他不但有眼光，而且很勇敢。他的言論很謹慎，這並不是怯懦，而是處在強大敵人的面前需要講究一點策略。如果眞是膽小怕事，他本來完全有條件安享榮華富貴，又何必單槍匹馬地鋌而走險呢？

從八歲到十六歲，笛卡兒在學校讀書。拉．弗來施公學是當時歐洲最著名的學校，講授各種古典學科。笛卡兒非常好學，攻讀了古典語文、歷史、文學、修辭、神學、哲學、法學、醫學等等，仍不滿足，課外還讀了大量希奇古怪的書，其中也包括一些宣傳新思想的科學書，甚至禁書。正是這種廣泛的閱讀開闊了他的眼界，照亮了他的心扉，他不再像傳統所要求的那樣把聖經賢傳當作絕對的權威崇拜，而開始採取批判的眼光看待一切了。

他在很年輕的時候就大膽地認爲，傳統的學問實在無用：神學教人升天，一味強調天啓，貶低智力，我們這些普通人當然學不進去；哲學在經過千百年最傑出的能人鑽研之後，仍然沒有一點不在爭論中，只是煞有介事地無所不談，打著眞理的招牌騙取淺人的輕信而已。至於其他的學問，既然是從這樣的哲學借來原則的，基礎不牢，當然不能建立起什麼結實可靠的東西來。只有數學，他認爲推理確切明瞭基礎牢固，但是一向只用於機械技術，並沒有在上面建立起崇高的樓閣。

因此在畢業之後，他就完全拋棄了書本的研究，走向實際。他決心向世界這本大書學習，收集各種經驗，隨時隨地用自己的理性來加以思考，以便從中取得教益。爲了認識世界，他同各種各樣的人交往，曾經以志願兵的身分參加了日耳曼的三十年戰爭。

他的體格不強，衝鋒陷陣的事是沒有份的，只是幹些文職工作，因而結識了來自各國的一些科學家。軍務並不繁忙，倒是有功夫從事科學活動。他並不僅僅收集資料，而是把更多的精力用在分析、綜合的理解活動上。他不愛早起，常常在床上躺一個上午，仔細琢磨著科學問題。他的解析幾何學，基本上就是靠在枕頭上發明的。他同時還研究了天文學、地球學、氣象學等方面的問題。

笛卡兒傾心於新科學，因爲他認清了宗教迷信和經院哲學對人生有百害而無一利，只有科學才能給人類帶來幸福。在這一點上，他和弗蘭西斯·培根是一致的。因此他們被稱爲近代科學的兩位偉大的旗手。

笛卡兒明白科學的發明可以幫助各種技藝，減輕人類的辛勞，但是他絕不止於爲生產技術而研究科學，而要追究科學的原則，認識科學的底蘊。因此他不限於追求經驗，利用經驗，還要追問人是怎樣研究科學的，這就是要提高到世界觀的水平，建立新的科學的哲學。他認爲只有這樣才能眞正造福人類。關於這一點，他在他的處女作《談談正確運用自己的理性在各門學問裡尋求眞理的方法》（*Discours de la méthode pour bien conduire sa raison et chercher la vérité dans les sciences*, 1637，簡稱《談談方法》）一書中講得非常明白。這本書不用過去學者習用的高頭講章體裁，而用通俗易懂的自傳方式寫成，也不用學究的拉丁文，而用人民群眾喜聞樂見的法文，寫得絲絲入扣，娓娓動聽，在散文文學中也是上品，因而在內容和形式上都給人深刻印象，被公認爲近代哲學的宣言書。

一六二九年笛卡兒由於在法國遇到的干擾較多，不利於科學研究，於是賣掉祖傳的采地，避居荷蘭，在那裡一共住了二十年。

他在隱居生活中寫下他的絕大部分著作，首先是《世界，或論光》（*Le monde, on de la lumière*, 1633），採取哥白尼的太陽中心說觀點，討論物理學和天文學問題。他還沒有寫完這部書，就鑑於伽利略因爲持太陽中心說而被羅馬教廷審訊迫害的情況，恐怕遭到物議，決定不予發表。

這件事一般認爲是他膽怯的證據，其實只足以說明宗教頑固勢力的淫威還大，笛卡兒即使藏在學術思想比較自由的荷蘭，也不能不加以考慮。爲了安全地進行科學研究工作，他避免遭到正面衝突可能惹來的無謂犧牲。事實表明他這樣考慮是對的，因爲在十年之後，他還是受到了一定程度的排斥，荷蘭的教權派宣布禁止講授他的學說。笛卡兒當時的謹愼使他贏得了工作條件，他只是暫時隱蔽，並未改變主張，他那些主張還是原原本本地寫在他以後的著作中。

一六三七年他發表《談談方法》，這是他第一次發表的著作，影響很大。書中著重論述了他的方法論思想，並且附有三篇附錄：《幾何學》、《折光學》和《氣象學》，作爲使用他的新方法的例子。其實這也就是《世界》書中的一部分內容，其中的《幾何學》是數學史上打開新紀元的解析幾何。

他的主要著作《第一哲學沉思集》（*Meditationes de prima philosophia*，法文譯本：*Les méditations métaphysiques*）發表於一六四一年。這部書詳細論述了他的基本哲學思想。在發表之前，他把抄本託人分送當時的各派著名哲學家，例如神學家加泰魯（Caterus）、唯物論者霍布斯和原子論者伽桑狄等，請提批評意見，然後把收集來的意見加以整理，一一寫出答辯，收入書中作爲附錄。這個辦法倒很新鮮，有人認爲笛卡兒有心計，把別人的意見哄出來了，在出版之前就作好反駁，搶先一步，佔了便宜。不過這樣一來倒是給我們留下了一份當時思想鬥爭的原始記錄，十分難得。

接著他在一六四四年發表了他的系統哲學著作《哲學原理》（*Principia philosophiae*，法文譯本：*Les principes de la philosophie*）。這部書是他的全部思想的總括，物理學部分的內容尤其豐富，而且在後來發表的法文譯本中又補充了一些新的材料，可以說是笛卡兒哲學的最終定型。可惜這書的英文譯本只選譯了一部分，中文譯本文是根據英譯本轉譯的，許多重要材料在我國還沒多少人知道。

笛卡兒的最後一部著作《論靈魂的感情》（*Traité des passions de l'âme*）發表於一六四九年，討論心理學問題，特別是身心關係問題。

一六四九年瑞典女王克里斯丁娜（Christina）通過法國大使山虞（Chanut），邀請笛卡兒到斯德哥爾摩爲她講解哲學。這位號稱開明君主的女王爲了表明自己重視學術，派了一艘軍艦迎接他前往。本來不好社交的笛卡兒居然接受邀請，於一六四九年九月到達這個寒冷的北國，大概是由於當時他在荷蘭不大順心。在瑞典宮廷裡要每天清晨五點講課，大大違反他的晚起習慣，非常辛苦。北國的嚴寒終於使這位體格孱弱的哲學家得了肺炎，死於一六五〇年二月。

笛卡兒的著作還有早年的邏輯作品《指導心智的規則》（*Regulae ad directionem ingenii*），以及一部生理學作品《論胎兒的形成》（*De la formation du foetus*），此外還留下一些書信和短文。他的傳記有一九〇一年出版的巴葉著《笛卡兒先生傳》（Adrien Bailler: *La vie de Monsieur Descartes*）。

二、笛卡兒的方法論

新興的歐洲資產階級是以新的科學知識起家的，也只有大力發展科學，它才能壯大發達。它要賺錢，也要伸手拿權。要賺錢就要先有科學知識，沒有權就不能賺大錢。沒落的貴族統治者當然也要錢，但是他們手裡有的是權，用權來搶錢就行了，用不著科學，而且科學會使老百姓腦子靈活起來，不利於他們的統治。他們只要統治，老百姓越愚昧對他們越有利。迷信、宗教、神學、經院哲學是他們的法寶。

新興的資產階級首先要解決無知的問題，接著才要求解決無權的問題。在十七世紀，最突出的迫切問題還是前者。

英國的培根在十七世紀初首先喊出了「知識就是力量」的口號，這個口號鮮明地表達了時代的精神。他向經院哲學轟擊了第一炮。在這個最重要的一點上，笛卡兒是培根的學生和同志。他們是科學家，又不只是一般的實用科學家。他們要求找出科學的總原則，用來推動全部科學的不斷發展。他們是思想家、哲學家、新時代的哲學家。他們反對經院哲學，但並不只是指摘它在這一點那一點上錯了，也不是籠統地說它一概都錯了，而要找出錯誤的關鍵所在。因此他們要深入研究認識本身的問題，即認識論問題。這並不是說他們不研究其他方面的哲學問題，而是說他們把認識問題放在主導的地位。這是近代哲學不同於古代哲學的特色。正是從這一點看，我們才說培根和笛卡兒是西方近代哲學的眞正開山祖。

關鍵在哪裡呢？他們兩個人都認爲經院哲學的錯誤關鍵在於認識方法的不對。

經院哲學的方法是：以某些宗教信條爲根據，依照一系列固定的邏輯公式，如三段式，推出維護宗教的結論，它所根據的前提是不是可靠，它是從來不管的。即使前提可靠，推出來的東西也只能限於前提裡所包含的，一點也不能給人新的知識。而且，固定的邏輯公式只涉及事物的形式方面，與內容完全無關，得出的結論好像玄之又玄，其實空而又空，完全是廢話。廢話是脫離實際的，它就完全可以按照各人自己的需要任意胡謅，彼此衝突矛盾，永遠爭論不休。這就像一些包攬詞訟的訟棍一樣，可以依據同一部法典，把訴訟的雙方都說成有理，或者都說成有罪。

總起來說，經院哲學有三個特點：一個是信仰主義，一個是先驗主義，一個是形式主義。這三個特點是互爲表裡的。

培根提出了經驗主義，來對付經院哲學的先驗主義。笛卡兒則提出理性主義，來對付經院哲學的信仰主義。這兩個人都大力提倡具體的科學研究，來對付經院哲學的形式主義。

由於偏重的方面不同，發生的影響不同，後來人們把培根的哲學稱爲經驗主義，把笛卡兒的哲學稱爲理性主義。這兩個名稱很好地說明了他們的特點，只是很容易使人們忽略他們的共同特點，把一條戰壕裡並肩戰鬥的戰友誤解爲互相對立的敵人。這好像有兩個人一同去打蛇，一個專打蛇頭，一個專打七寸，我們可不能把一個看成蛇頭派，一個看成七寸派，忘了他們打的是同一條蛇，把他們的共同鬥爭說成勢不兩立的內訌。

笛卡兒反對把眞理的獲得說成出於上帝的恩典，認爲那是人的聰明才智造成的，但他也不認爲單用聰明才智就能獲得眞理，而強調這主要在於正確地運用才智。他說：「行動十分迂緩的人，只要始終循著正道前進，就可以比離開正道飛奔的人走在前面很多。」②他所謂聰明才智，指的就是判別眞假是非的理性，又名良知（le bon sens）或自然光明（la lumiére naturelle），與盲目信仰對立，並不與感覺對立。這是廣義的理性。理性主義所主張的首先是廣義的理性，完全排除宗教迷信。

他以人人具有的理性爲標準，對以往的各種知識作了一個總的檢查。因爲要立新必須先破舊。他說：「由於我們在長大成人之前當過兒童，對呈現在我們感官面前的事物作過各種各樣的判斷，而那時我們還沒有充分運用自己的理性，所以有很多先人的偏見阻礙我們認識眞理。因此我們要想擺脫這些偏見的束縛，就必須在一生中有一次對一切稍有可疑處的事情統統加以懷疑。」③「這並不是模仿懷疑派，學他們爲懷疑而懷疑……只是爲了使自己得到確信的根據，把浮土和沙子挖掉，以便找出磐石和硬土。」④

這就是所謂笛卡兒的方法論上的懷疑。他爲了建立可靠的新科學，先把一切不可靠的東西推倒，騰出地基。這是一個十分大膽的革命行動，在那個封建迷信十分頑固的時代，確實有此必要，非如此不能耳目一新。

他這一炮也確實瞄得很準，放得很猛，連他自己也意識到可能引起大嘩，因而作下種種保護性的解釋，說他這個主張僅僅是爲了改造他自己的思想，而且範圍僅限於科學，與神學無干，也與政治、社會無干，甚至再三聲明自己是個最虔誠的天主教信徒，完全服從教會等等。這些話在當時可能起了點保護作用，今天大概沒有人還會單純到信以爲眞吧！笛卡兒是個聰明人，他自己心裡明白：他要爆破的是一個關鍵性的樞紐，怎麼會不影響他人，不影響社會呢？如果不影響，他又何必寫在書上印出來給大家看呢？

他這普遍懷疑是去僞存眞的批判，並不是一概打倒的虛無主義。批判不等於打倒，而是打倒假的，肯定眞的。把不可靠的統統看成假的，剩下來的也就是眞的了。他首先否定了迷信，同時也否定了幻覺，但是並沒有否定實在。他要研究如何獲得符合實際的認識，這就是肯定了客觀方面的實際和主觀方面的認識，肯定了二者不同，但是可以符合。迷信和幻覺不符合實際，科學知識符合實際。怎樣鑑別符合不符合呢？這衡量的標準笛卡兒認爲必須是我們自己的理性，不是權威，也不是道聽途說，或者魯莽武斷、胡思亂想。

這廣義的理性首先否定了迷信，但是我們的錯誤還不只是迷信，此外更有幻覺。要識破幻覺，更需要用精確意義的理性。我們的感覺常常欺騙我們：一座方塔，遠看卻是圓的；一根手杖插在水裡，看來卻像是折斷的；而且我們還會做夢，夢中的現實都不眞實，如果單用感官，實在無法覺察這類騙局。笛卡兒認爲一定要用更高級認識能力——理性——才行。感官只能得到個別的、片面的知覺，只有理性才能獲得普遍的、必然的認識。因此我們必須時刻謹防感官的欺騙，有意識地對一切進行仔細分析，把它分成盡可能小的部分，小到一下就能清楚明白地洞察其本質。把每一個部分都認識透徹之後，對全體也就得到了可靠的認識。

笛卡兒認識論的核心就是：凡屬理性清楚明白地認識到的，都是眞的。

這種認識論是理性主義的，還不能見到實踐是認識的基礎，也是鑑別眞理的唯一標準。但笛卡兒比馬克思要早兩百多年，那個時代誰也沒有達到馬克思的水平。笛卡兒不但沒有達到馬克思的水平，連康德的水平都沒有達到，但是他達到了他那個時代哲學所能達到的高級水平，比經院哲學高明多了。

有些學者認爲理性主義與經驗主義完全對立，經驗主義只要經驗，理性主義完全不要經驗，只要理性，所以只能是唯心論。這是出於誤解。因爲他們採納了一個舊譯名「唯理論」來翻譯「rationalisme」這個字，而中國的「唯」字當「只」講，於是以爲笛卡兒主張只有理性在那裡孤孤單單地認識眞理，感覺只會騙人，必須排除乾淨。這當然不合事實。笛卡兒從來沒有要求完全否定感覺，正好相反，他是科學家，一輩子從事科學試驗，在許多科學部門中都有重大貢獻，並不是空想家，天天躺在床上猜測。他只是認爲感覺經驗有片面性，單憑感覺得不到普遍的科學眞理。必須更上一層樓，在全面的理性指導下批判地總結才行。笛卡兒強調的是理性這位將軍對勝利所起的作用，並不是把它看成無兵元帥、光桿司令。

笛卡兒以理性的清楚明白認識作爲眞理標準，是反對神祕主義的。這是他從文藝復興以來的新科學中學來的，那些科學反對模糊籠統的臆斷，要求把一切分割成盡可能小的部分，仔細地一一詳加考察，直到一目瞭然，不留一點漏洞。這就是力學方法或機械方法，在當時的條件下毫無疑問是最先進的。但是全體不只是各個部分的簡單機械總和，機械論不懂得辯證的發展，很快就暴露出它的局限性來了。這種局限性在經驗主義哲學家身上表現得更爲突出，相比之下，笛卡兒哲學包含的辯證法因素還要多一些，馬克思和恩格斯甚至稱他爲辯證法家。

笛卡兒認爲眞理並不是彼此孤立的、平列的，而是一些有主有從的原理，構成一個有機的體系。他要找出這個大體系，所以不肯只是一筆一筆地記流水帳，一定要算清總帳。他說：「整個哲學好像一棵大樹，樹根是形而上學，樹幹是物理學，從這樹幹上發出的枝條是各種其他科學，主要分爲三門，就是醫學、力學和道德學。」⑤他所謂樹根，是指最根本的哲學原理，首先是關於人類認識的原理。

三、笛卡兒的形而上學

笛卡兒要用他的方法找出一條最清楚、最明白的原理，作爲他的形而上學的、首先是認識論的出發點。他說，我可以懷疑這，懷疑那，但是我不能懷疑我在懷疑。只要我一懷疑我在懷疑，就正好證實了我在懷疑。我懷疑，就是我思想。這是一清二楚的；哪怕我在做夢，那也確實是在思想。接著他又說，既然我在思想，這個在思想的「我」就不能沒有：「我在思想，所以有我。」（Cogito, ergo sum.）這就是笛卡兒拿作出發點的原理。

這個命題引起人們很大的興趣，也帶來很多的爭辯。因爲它牽涉到思維和存在的關係問題，好像是從思維裡推出存在來，所以有些學者認爲這一推論非常嚴重，是純粹主觀唯心論的虛構；但是也有一些哲學家，例如康德和羅素，認爲實際上這並不是推論。我們可以先看一看它的實際意義，不必急於給它定性。

近代哲學的主要目標是爲科學建立基礎，所以它拿認識論作爲第一任務。認識論的對象就是人的認識。笛卡兒當作出發點的那個命題，顯然是從認識論的角度提出的。「我在思想」，就是我在認識的意思。而且，他不只是抽象地談一般思想，所以具體地提出「我在思想」作爲認識的確存在的證據。他不提我看見、我聽見等等，是強調意識的作用，因爲一定要有思想、有意識伴隨著，看見的、聽到的才能成爲我所知道的，才能成爲知識。說「我有知識」，只是陳述一件事實，並不涉及思維與存在的關係問題。如果把事實瞭解爲存在的話，那就更與唯心論無關了。

但是笛卡兒接著說了個「ergo」（所以），引出另一句話：「有我」。從形式邏輯看，這不是推論，因爲思想並不蘊涵存在。但是從另一個角度看，這個「ergo」也還是有意義的：它表示後一個判斷是根據前一個判斷的。前一個判斷肯定了與思想連在一起的「我」，即「思想者」，而且肯定了思想離不開思想者，所以後一個判斷肯定這個在思想的「我」。後一個判斷並沒有擴大前一個判斷的內容，它只是強調這個內容中的一部分，肯定認識必有主體。

笛卡兒這個命題是認識論的，因爲他聲明這個「我」只是個「思想的東西」。有人問他爲什麼不說「我吃飯」、「我走路」，那是沒有注意他在這裡只講認識論，他說的「sum」（有我）是認識論命題，是狹義的「esse」（存在），不是一般的存在。因此我們不能據此就說這是從思想派生出存在的唯心論。

然而，他不先說認識必有客體，而先說認識必有主體，也的確表現了他有傾向性。不過，他接著還是說了認識必有客體，並沒有說認識都是主體獨自產生的或杜撰的。心外有物，是笛卡兒的原則。我們不能說笛卡兒哲學同巴克萊的主觀唯心論是一樣的。

但是他把「我」這個思維者叫做「靈魂」（anima）或「心靈」（mens），認爲是一種「實體」（substantia），即最後的支持者或底子，而且說靈魂比形體更清楚地被我們所認識。這些話就帶著濃厚的古代味道，只能使我們看到亞里士多德的影子了。笛卡兒是從舊壘裡出來的，儘管力求除舊布新，卻在這裡那裡仍舊帶著舊思想的烙印。這類烙印很不少，但畢竟是舊的殘餘，並不是主導方面。他從經院哲學的形而上學唯心論裡往外衝，向唯物論的方向衝，衝出了一多半，但是難免留了根尾巴。

笛卡兒所說的思想，是指精神現象，不僅包括理解，而且包括意願、想像，甚至包括感覺。這思想不是獨立的，而是「我」的屬性。他從「我」講起，但是不只講「我」，他強烈要求讀世界這本大書，去研究「我」以外的東西。這「我」以外的東西他雖然還不能直接肯定，但是終於肯定了，爲此不惜採取轉彎抹角的辦法。

笛卡兒認爲，我們心裡有各種觀念，代表著心外的客體。凡是符合客觀實際的觀念就是眞的，不符合的就是假的。觀念有三類：第一類，是通過感官獲得的，例如日月星辰、山河大地、蟲魚鳥獸的觀念；這些觀念並不一定都是眞的，因爲我們的感官變動不居，常常有幻覺。第二類，是通過理性清楚明白地見到的，例如等量加等量其和相等，我在思想所以有我之類；這些觀念一定是眞的，因爲其反面是不可設想的。第三類，是我們幻想出來的，例如金山銀島之類，一定不正確。第一類觀念在尚未由理性清楚明白地洞察到它的合理性之前，就可能有假；第三類觀念一經理性考察，就立刻看出不合理，肯定虛假。

這種以理性爲標準來衡量觀念的眞假的辦法，一般稱爲「融貫說」。笛卡兒持這種學說，但是他並不認爲一切都是觀念，或者觀念就是一切。他的眞理標準本質上還是觀念與實際的符合，只是他由於不能直接肯定外物，無法直接加以比較，就只好轉一個大彎，借用一個中介。這中介就是他的第二類觀念，即清楚明白、毫無矛盾、一望而知的觀念。他認定這些觀念是必然符合實際的，簡直等於實際，用它來衡量一切知識，與它符合的也就等於符合實際。他把這類觀念稱爲與生俱來的「天賦觀念」。他想，幾何學上的公理就是這種觀念，可以構成全部幾何學的基礎，因此我們也可以找出一些關於本體的公理，用來建立全部哲學。這樣，他就滑到先驗論、唯心論裡去了。

他說我們有一個關於上帝的天賦觀念，表象著全知、全能、全善、絕對完滿、至高無上的上帝本身。這是一個最完滿的觀念，但是它屬於我們，而我們是不完滿的、有缺點的，不可能產生任何比我們自己完滿的東西。那麼，它只能來自一個心外的絕對完滿的本體，即上帝本身。所以上帝必然存在，因爲如果不存在，那就不完滿了。他這個論證就是關於上帝存在的本體論證明，我們在安瑟爾謨（Anselmus）那裡已經見過它，還可以上溯到奧古斯丁（Augustinus）那裡。這不是什麼新鮮貨色，笛卡兒把它直接拿了過來，幾乎沒有什麼修改。

但是笛卡兒請來的這位救急神所起的作用卻與經院哲學裡不很一樣。經院哲學的上帝是至高無上的統治者，是盲目信仰的對象，是否定人的理性和科學的。笛卡兒卻相反，他要求發展科學，認識客觀世界，但是他肯定心與物是彼此獨立的兩回事，心靈雖然關心廣大的外界，自身卻是一個囚徒，不能越雷池一步。在這種情況下，他就乞靈於一根魔杖，用它從心裡捅到心外。

他的上帝是經過改造的上帝，已經沒有什麼行奇蹟的法力，僅僅在那裡執行給科學當保鏢的任務。

他引證聖經說，上帝創造一切。這一切既包括我們的心靈，也包括心外的世界。上帝在創造世界的時候，也把世界的原理印在我們的心中。上帝在我們心外，是心與物的共同來源，因此是心與物之間的橋樑。上帝是絕對客觀的，它絕對不騙人，因此我們的科學是客觀的。笛卡兒繞了這麼大的圈子，最後又回到科學上。這眞是一場神聖的喜劇，但丁（Dante）如果還在世，會發出會心的微笑的！

笛卡兒的上帝好像一位立憲君主，是講理的，欽定了一部萬世不變的憲法，事事照著辦，不再出一點新主意。在這樣一位君主的治下，法官好當多了，他只要精通法律，就能執法如山，用不著察言觀色，揣摩聖意了。這樣的法官就是笛卡兒心目中的科學家。他把天意暗中改造成了自然規律，他的上帝的實際意義非常接近客觀的自然。這個祕密不久就被他的法嗣斯賓諾莎所揭明：上帝、實體、自然本來是一個意思。

笛卡兒把上帝稱爲絕對的實體，說它用一個模子，即天意（也可以讀作自然規律），創造了兩個相對的實體：靈魂和形體。靈魂的屬性是思想，形體的屬性是廣延。這兩個相對實體彼此獨立，互不依賴，各行其是，例如靈魂孜孜不倦地研究科學，形體一刻不停地作機械運動，但是它們並非完全不相干，都是嚴格秉承同一天意的。這就好了，我們有上帝作保證，可以放心研究科學，不必擔心犯錯誤了！理性的認識也就是天意的反映，也就是自然規律的反映。

這就是笛卡兒的理性主義，這就是他的二元論。如果我們不僅僅看表面，認標籤，而進一步鑽一鑽實際內容，追一追發展線索，那就會發現思想的歷史是錯綜複雜的，眞中可以有假，假裡也可以有眞。在笛卡兒的哲學中，也和在全部哲學史中一樣，貫穿著唯物主義和唯心主義、辯證方法和形而上學方法的鬥爭，但是鬥爭不是表面的、靜態的，而是深刻的、動態的。我們要弄清眞相，只有用靈活機動的辯證方法和高瞻遠矚的唯物觀點才行。

四、笛卡兒的天賦觀念

笛卡兒的天賦觀念論是他的哲學的理論核心。在他看來，這些「天賦的」觀念是絕對眞理，有兩種作用：可以用來鑑別錯誤的認識，好像試金石一樣；又可以用來使一般的認識成爲科學眞理，好像點金石一樣。後一種作用尤其重要，是科學家的目的。一個科學家要從事觀察實驗，但是這並不是目的，他的目的是給這些材料說出一個清楚明白的道理來，建立起合理的科學。

建立科學要經過兩道手續，首先要通過分析檢定材料是否可靠，然後要通過綜合把可靠的材料統一成爲體系。這分析和綜合，笛卡兒認爲都要用一種工具來進行，這就是理性所固有的天賦觀念。科學研究好比一座嚴肅的法庭，它要對案情周密調查，然後詳加研究，作出正確的判斷。法庭的調查和研究都要根據法律進行，法律是法庭所固有的——這是笛卡兒提出天賦觀念論的基本思想。

笛卡兒認爲這些觀念是理性所固有的，不是通過感官得來的⑥。因爲這些觀念就像法律一樣，具有普遍性和必然性，而感性的觀念不是如此，並沒有普遍性和必然性，充其量只不過是一個一個的知覺，可以因情況不同而變異，可以有差錯，至少是片面性的。因此，他斷定感性觀念是可疑的。

笛卡兒是爲了肯定普遍的法則性而拋棄感性觀念的片面性和可疑性，並不是斷定感性觀念全都虛假。當然，有時候他說的也有點過火，例如「把它們都當作假的看待」之類，但那是爲了嚴格檢查，把它們暫時隔離開來，並不是定案。但是有不少學者產生了誤解，以爲他一概排斥經驗，完全排斥感性認識，是個主觀唯心論者。笛卡兒並不是這樣的人，他是科學家，只是反對專聽道聽途說、一味相信彙報而已。科學家要求獲得普遍必然的眞理，這是無可非議的，笛卡兒是這樣，培根也是這樣。問題僅僅在於怎樣獲得這種眞理。培根強調知識只能來自感性經驗，普遍的知識就在個別的知覺之中，因此提出歸納方法，通過整理和排比，把普遍的東西從特殊的東西裡面找出來。笛卡兒卻認爲普遍和特殊有性質上的不同，特殊加上特殊還是特殊，不能成爲普遍，必須用一種本身就是普遍的東西貫穿進去，才能去僞存眞，把特殊的東西統率爲一體，成爲普遍。從方法上說，培根用的是描述科學的方法，笛卡兒用的是理論科學的方法。

笛卡兒要求一以貫之，問題在於這個「一」是哪裡來的。但是他說不出來。他舉了許多例子，像數學、邏輯的範疇，思維的「我」，絕對完滿的上帝之類觀念，都是感覺不到的，因此他說它們是天賦的、理性所固有的。這話無異於說，它們本來就在那裡。這是沒有回答問題的答案，因此笛卡兒同柏拉圖一樣走進了死胡同。他的天賦觀念一提出，就遭到了唯物論者霍布斯和伽桑狄的反駁⑦。

後來洛克對天賦觀念論的駁斥最爲徹底⑧。他要求爲我們的一切觀念找出形成的歷史，不容許任何觀念例外。他指出我們生下來的時候什麼觀念都沒有，心裡一乾二淨，好像一張白紙，一切觀念都是通過經驗（感覺和反省）描繪到這張白紙上的。例如上帝這個觀念，不信宗教的人就根本沒有，連出生在教徒家庭的人原來也不知道，只是從小就被別人不斷地灌輸進來的。邏輯和數學的觀念也是這樣，兒童和愚人都沒有，全是人們後來學到的。就連「我」的觀念也不例外，兒童牙牙學語的時候並不知道「我」，總是用自己的名字來代替「我」字。人知道「我」是通過反省的結果，反省也是經驗。洛克反對認識論上的先驗論，理由非常充足。

但是仔細分析可以發現笛卡兒和洛克也並不是完全對立的。笛卡兒認爲感官的知覺不能形成普遍的觀念，這一點與洛克對立，但是他並不一概反對經驗。洛克所說的經驗裡也包括了笛卡兒所肯定的東西，這就是反省。

笛卡兒認爲並不是人一生下來就知道自己所固有的那些天賦觀念，一定要用理性思考一番才能發現它們存在。這思考很像柏拉圖所說的「回憶」（anamnesis），作用與洛克所說的「反省」也差不多。只是洛克把它同感覺歸爲一類，笛卡兒卻把它說得好像與感覺對立。笛卡兒看到了培根那裡的感覺帶著被動性，而科學的認識必須是主動的，所以強調理性的決定作用，可是這一強調就使理性孤立化了。洛克看到了孤立化的毛病，才提出同屬經驗的反省來。有些學者似乎也看出了洛克的反省與笛卡兒的理性有共通處，但是不能從矛盾發展看問題，以爲這是洛克的不徹底處。其實這是洛克吸取了笛卡兒的合理因素，設法排除其機械性的缺點。認識的主觀能動作用，以後在德國古典哲學中才得到充分發展。笛卡兒和洛克在這個關鍵性的問題上邁出了可貴的第一步。

但是他們僅僅跨出了第一步。在感性和理性的關係問題上，他們還不能擺脫機械論：笛卡兒把它們機械地對立起來，洛克把它們機械地平列起來。一個見到理性高於感性，一個見到反省異於感覺，兩人都沒有看出發展關係。這個問題的解決還需要兩個世紀。

笛卡兒的天賦觀念論有許多明顯的毛病，但是不可一概抹殺。它有合理的因素。因爲笛卡兒發現科學認識不只是感性材料的機械堆積，它必須有一個紮紮實實的核心作爲統帥，把形形色色的材料貫穿起來，統一成爲有機的整體。這核心非常重要，沒有它就沒有科學，材料再多也只是一盤散沙。但是它並不是天上掉下來的，只是由綜合、提高一般認識發展出來的。邏輯、數學的範疇看起來雖然非常光鮮，卻只是用平常材料加工製造的。人類通過反覆實踐獲得一些基本資料之後，又在實踐中精煉、打磨，製成高級觀念，作爲以後擴大實踐的指導，這樣，人類的認識才能不斷提高，從個別提高到一般，再從比較狹窄的一般提高到更加廣闊的一般，永無止境。我們的各種科學就是這一類的高級觀念，是全人類的千萬年社會實踐造成的，大大超出了個人實踐的範圍。個人置身於社會之中，不知不覺地接受著社會的遺產，拿著它參加現實的社會實踐，和大家一起不斷地修正和擴大這份遺產，再傳給後世。笛卡兒發現這份遺產十分可貴，以爲是上帝給的。這上帝其實就是我們的列祖列宗，我們感謝他們的辛勤勞動。

五、笛卡兒的物理學

笛卡兒根據他的形而上學，建立了他對自然的學說。他認爲物質性的事物，即形體，同靈魂一樣是上帝創造的，它們的規律也同樣是上帝給予的神聖規律，我們運用自己的理性，即自然的光明，同樣可以認識自然界的眞理。他的這些看法儘管披著宗教的外衣，卻爲科學爭取了合法的地位。以往的傑出科學家們遭受宗教裁判所的鎮壓，現在笛卡兒出來爲他們辯護。他抬出神聖不可侵犯的上帝來，宣稱上帝的作品自然界也同樣神聖，所以研究自然界的科學是不可侵犯的。這種對付宗教反動勢力的辦法，可說是以子之矛攻子之盾。

這樣做要有一個前提，就是先把上帝自然化、理性化。笛卡兒在他的形而上學裡已經做好了這件預備工作，所以在物理學裡用不著費勁了。他放開手腳，大談那個以廣延爲屬性的相對實體，即形體或物質世界，而把上帝和靈魂拋在一邊。馬克思和恩格斯在《神聖家族》裡說：「笛卡兒在其物理學中認爲物質具有獨立的創造力，並把機械運動看做是物質生命的表現。他把他的物理學和他的形而上學完全分開。在他的物理學的範圍內，物質是唯一的實體，是存在和認識的唯一根據。」⑨這話非常精確地概括了笛卡兒物理學的特點，表明它就是機械唯物論。他在這個範圍內不再講上帝和靈魂了。

笛卡兒認爲在形體世界裡，一切形體，包括天體、地球和生物的軀體，都是作機械運動的物質。他甚至非常形象地說，給我物質和運動，我就可以給你構造出世界來。他所說的物質只有一種屬性，就是具有長、寬、高三個向量的廣延，因此物質的運動只能是廣延性的位置移動。他把當時物理研究所採取的觀點引進了哲學，像力學那樣把一切運動都歸結爲機械運動，化質爲量。

化質爲量的想法使我們回憶起古代的原子唯物論，但並不是原子唯物論的直接繼續。中間已經隔了漫長的中世紀。中世紀的經院哲學用質來解釋一切，遇到無法說明的時候，就信口胡謅一個「隱祕的質」來搪塞，以掩蓋自己的無知。近代的科學家們反其道而行之，用清楚明白的量來解釋一切。這是當時的先進思想，笛卡兒作爲它的光輝創導者之一，起了深遠的影響。但這並不是最後的絕對眞理，隨著物質概念的演進，機械唯物論就要讓位於更高級的理論了。

笛卡兒的機械唯物論與古代的原子唯物論有顯著的不同。原子論者主張有原子也有虛空，虛空不是原子，原子在虛空中運動。這就是承認一個空虛的空間，作爲原子運動的場所。牛頓的絕對空間說還保留著這種看法，笛卡兒否定了它。他不承認物質以外的空間，認爲同一物質充滿宇宙，所謂空間無非就是物質自身的廣延。這種把物質和空間統一起來的看法，可以說在機械論上打開了一個缺口。在這個基礎上，他猜測到天體是由於物質的渦旋運動形成的，因而產生了發展觀的最初萌芽。

笛卡兒認爲這充滿宇宙的物質是無限可分的，也是永遠運動的。所謂靜止，只不過是相對於某物而言，例如我們坐在一隻行駛的船上，相對於船體來說是靜止的，但是相對於兩岸說仍然是運動的。他把運動和物質放在一起，然而物質和運動在他眼裡並不是一回事；他只能說物質有運動，不能說物質產生運動。運動是哪裡來的？還是說不出來。他說：「我覺得很明顯，只有上帝以它的全能創造了帶著運動和靜止的物質。」⑩這話等於說運動是本來就有的，說了等於沒有說。在機械方法的支配下，人們不可能回答這個問題，笛卡兒也是一樣。

上帝創造世界是一句空話，但是笛卡兒說時還是有他的新意。因爲他已經對上帝概念作了改造，在他那裡上帝已經不是一個專制君主，可以朝令夕改，而是一個講道理的東西；它並不是胡亂地創造，而是創造一個有規律的世界，創造以後不但不任意篡改，而且永遠協助這個世界嚴格遵循它的規律運動。上帝創造世界之後，就永遠是那麼多物質，永遠是那麼多運動，這運動從物質的這一部分傳到那一部分，流轉不已，總量卻不增不減。這就是科學史上著名的「動量守恆定律」。後人又在新的條件下把它發展成爲「能量守恆和轉化定律」。

這幾條機械唯物論的原則，在《哲學原理》一書中被應用到物理、天文、地球等方面，對大量具體科學問題進行了研究。他的這些研究在一般哲學史書籍裡大概都不細談，因爲人們認爲這只是科學史的內容。但是其中都貫徹了笛卡兒的方法論，貫徹了他的哲學思想，如果想深入體會這種方法論的精神實質，讀一讀《哲學原理》的後三卷還是有益的。他把這些內容寫在《哲學原理》裡，正是要說明具體科學與哲學方法論的關係。

他一貫重視這種關係，早在他最初發表的《談談方法》那本只有兩萬來字的小書裡，就加了三個附錄：《幾何學》、《折光學》、《氣象學》，作爲使用他的方法的標本，實際上也就是他建立他的哲學時所依據的原料。

在《談談方法》的正文裡他還舉了血液循環論爲例，視爲新科學的典範。血液循環論是當時的新發現，作者是英國醫生哈維（Harvey），並不是笛卡兒自己，但是他非常欣賞這種理論。過去人們把人和動物的身體看成盛著血液的皮囊，好像水壺一樣。哈維經過艱辛的觀察和研究，發現血液並不是像人們所想像的那樣靜止地盛在身體中，而是通過心臟和一定的血管通道不斷地循環流動著。心臟的搏動把血液壓進肺動脈，使它流入肺臟，然後又通過肺靜脈流回心臟，再通過大動脈流到全身，最後又通過大靜脈回到心臟。血液在動物活著的時候循環不已，一停止流動動物就死了。笛卡兒認爲這正好說明了生命就在於血液的機械運動，血管和心臟的解剖結構使它必然這樣循環，就像水泵壓水一樣，完全合乎機械原理，同幾何學一樣清楚明白，無可置疑。

這是非常典型的機械論科學。它通過觀察實驗收集經驗材料，然後根據力學原理加以整理，總結成一個可以理解的理論體系。在當時，這樣做的確是很令人滿意的。這個例子也很具體地消除了我們的一個誤解。它使我們看到，在具體的科學研究中，以笛卡兒爲代表的理性主義者並沒有排斥感性的觀察，只是不以單純的觀察爲滿足，而要拿著一個合理的原則去分析和綜合這些經驗材料，把它們統一起來，放到適當的位置上組織成系統，從而抓住普遍必然的本質。

但是這樣的唯物論確實有局限性。因爲動物的身體作爲一個形體，雖然遵守著力學規律，但是它不僅是一個形體，而且是一個有機的形體，還要遵守有機化學的、生物化學的、生理學的規律，它的運動大大地不只是機械運動。這是笛卡兒完全不瞭解的。他自以爲找到了生命的本質，其實他連氧化作用都不知道，更不知道紅血球的作用，不懂小循環與大循環的關係，怎麼能瞭解血液循環的生理機制呢？我們肯定他的理論，只是肯定它走出了萬里長征的第一步。第一步很重要，但是有待於不斷的新發展。如果把它絕對化，神聖化，遇到不能解釋的新課題時不去進一步深入研究，就急忙地加以否定，斥爲「不科學」，甚至要求通令禁止，那就不是維護科學，而是阻礙科學的發展了。因爲那樣做既違反唯物論，又違反辯證法，倒是符合經院哲學的精神的。

笛卡兒的機械唯物論還向縱深發展，進入生物學領域。他認爲無機的自然界是機械的，有機的植物界也是機械的，連動物界都是機械的。禽獸會自己作機械運動，會飛會走，會吃會唱，但這些都是位置移動，所以都是自動的機器。我們對禽獸作力學式的研究，就像研究石頭、土塊、流水、狂風一樣。甚至對人的身體也可以作機械的研究，身體由血、肉、骨頭組成，也是一臺機器，我們可以解剖它，從而認識它的運動規律，也可以在出現故障的時候修理它，使它恢復健康。

可是人畢竟和禽獸不一樣，他會思想，有感情，有意志。笛卡兒認爲這些都不是物質的屬性，而是屬於不朽的靈魂的。活著的人有靈魂住在身體裡指揮一切行動，所以不是機器，我們不能用機械規律來解釋人的道德、政治、科學、藝術。這是笛卡兒機械唯物論的最後極限。這個最後極限要到一百年之後才被徹底的機械唯物論所打破，拉美特利醫生在笛卡兒的啓發下進一步研究，宣布人的心靈也是物質的，人也只不過是一臺機器。

然而機械唯物論在十八世紀取得全線大捷、奏凱班師之日，也正是它告老歸田、走進歷史博物館之時。因爲人雖然是物質，不是神，物質卻並不是僅僅具有長、寬、高的東西，它是不斷發展著的。人和猴子都是動物，人卻並不是猴子，而是猴子的發展。笛卡兒把人和猴子機械地對立起來，拉美特利把人和猴子機械地等同起來，都不能說明人的本質。要解決這個問題，必須拋棄約束思想的機械論。機械論曾經保護了青年時期的唯物論，但它已經變成了一層僵硬的皮殼，唯物論只有衝破它，才能從蛹變成彩色繽紛的蝴蝶。

笛卡兒是機械唯物論的創始人，但他不僅有創立它的功績，也有捨棄它的勛勞。他不像有些人那樣只知作繭自縛，而以科學家的實事求是精神自強不息，在機械論碰了釘子的時候開動腦筋另闢途徑，向辯證法靠攏。他在數學上的偉大發明解析幾何，就是其中光輝的一例。

過去，幾何和代數是兩門科學，幾何研究圖形，代數研究數，圖形和數被認爲是兩回事。笛卡兒不滿意這兩門科學孤立研究的抽象性，企圖使它們具體化，把它們聯係起來。他通過他所設計的坐標系統標示法，以及他對於變數的深入研究，證明幾何問題可以歸結爲代數問題，在求解時可以運用全部代數方法。這是數學史上一個重大的突破。正像恩格斯所說的那樣：「數學上的轉捩點是笛卡兒的變數。有了變數，運動進入了數學，有了變數，辯證法進入了數學，有了變數，微分和積分也就立刻成爲必要的了。」⑪

六、身心關係

二元論者笛卡兒把靈魂和形體完全分開，但是科學家笛卡兒又不能忍受這種割裂。於是他只有把他的機械論打點折扣，暗暗向唯物論靠攏。他在《哲學原理》第二部第二節中說：「某一種形體是比世界上的其他各種形體更緊密地和我們的靈魂聯結在一起的。」這裡說的某種形體，就是我們的肉體。

他晚年研究人的生理和心理問題，寫成他的最後一部著作《論靈魂的感情》，就在兩個實體之間尋找聯係。

他認爲我們是靈魂和形體的聯合體，雖然靈魂不是形體，形體也不是靈魂，但是二者聯係得如此密切，彷佛靈魂是形體的樣式似的。外界的物質事物以它們的運動影響我們的身體器官，使我們的身體發熱或者疼痛，產生激動的情緒時，我們的心靈中就形成避開的念頭。

從二元論看來，這是兩個過程，一個在彼岸，一個在此岸，中間隔著一道鴻溝，可是這鴻溝上彷佛有一道橋連接著似的。反過來也是一樣，我心裡要想做一件事情的時候，這是靈魂中的思想活動和意欲活動，但是我身上的肌肉就伸縮起來，使我的腿邁出去，使我的手舉起來做那件事。這道從彼岸到此岸、從此岸到彼岸的無形橋樑，究竟是怎麼一回事呢？這就是笛卡兒所要解決的身心交感問題。

爲了解決這個問題，笛卡兒試圖描述靈魂與形體聯結的方式。他從亞里士多德那裡借來一個比方，說這就像舵手坐在船上一樣：水流觸動船舵，船舵通過一系列的機械裝置把水流的情況傳到舵輪，最後傳到把著舵輪的舵手，於是舵手知道了這種情況；舵手經過一番考慮，決定調整航向，他扳動舵輪，舵輪帶動傳遞裝置，最後帶動了船舵，船就向那個方向轉動了。

笛卡兒爲了說明這個過程，詳細研究了人體解剖學和生理學，但都是用機械論作指導的，著眼於血液、神經中的運動，想找出這種運動是怎樣傳導的。但是這樣做還不能說明從形體到靈魂的過渡，他終於一直追索到了大腦，找到了大腦中間一個叫做松果腺的小腺體上，認爲這就是關鍵的所在。他認爲這就是舵樓，我們的靈魂就駐守在這個地方。松果腺接受來自身體各個部分的「元氣」⑫，把其中所運載的運動轉交給靈魂，由靈魂把它變成感情和觀念。這是內傳的過程，同樣也有一個外傳的過程：靈魂在松果腺裡把它的觀念傳達給其中的「元氣」，「元氣」就帶著這些運動往外傳，通過神經和血管，傳到肌肉裡，肌肉就發生收縮和舒張。這松果腺被他說得好像一個總交換臺，「元氣」就好像電流似的。

從現代醫學的觀點看，笛卡兒這個說法當然是不對的，因爲松果腺的作用並不是交換情報，而是制約身體的生長。當時的科學還不知道內分泌，還沒有發現神經中樞，所以笛卡兒鬧出了笑話。不過這也沒有什麼可笑，一個世紀以後的拉美特利醫生在這一點上也同樣沒有弄對。

笛卡兒雖然在醫學上弄錯了，但是在思想上卻開闢了一條新路。因爲他這個說法等於否定了二元論，把靈魂物質化了。他要給靈魂找出一個所在地，而任何地點都是有長、寬、高的，按照笛卡兒的說法，也就是物質。靈魂居然能有一個所在地，那不等於說它有廣延，因而就是物質嗎？要走出二元論的死胡同，這是一條正路。這條路的開闢者就是那死胡同的建立者，可以說解鈴人還是繫鈴人。他在這死胡同裡鑽了一輩子，鑽出無窮無盡的矛盾，深知其中艱苦，終於在晚年親手捅開了一個透氣的窗戶。他的學生中間有部分人從這個窗戶裡吸到新鮮空氣，就努力擴大它，終於走到了唯物論。這就是笛卡兒學派中的左翼，其代表人物是勒·魯瓦（Le Roy）、卡巴尼斯（Cabanis）等人。

走出二元論的絕境是笛卡兒以後哲學家們的共同要求，但是走法可以很不相同。有一些人看中笛卡兒的心物共同來源上帝，要從這一點上突圍。斯賓諾莎做的非常出色，他把上帝等同於自然，以泛神論的形式向唯物的一元論邁進。但是馬勒布朗士卻相反，把上帝說成一切，也就是把物質化爲精神，走向唯心的一元論。還有些人，以荷蘭人格林克斯（Geulincx）爲首，稱爲機緣論者（occasionalistes）。他們保留二元論的觀點，認爲有兩個實體，但是在這兩個不同的實體之間有一種天然的契合關係。靈魂與形體是天然契合的，並不用哪個影響哪個，好像兩個時鐘，一個指著十二點時，另一個也指著十二點，並不用哪個推動哪個。這種說法可以說是騎牆派。最後一個是萊布尼茨，他把精神和物質這兩個截然不同的實體磨得粉碎，稱爲單子，認爲單子有不同的等級，帶有不同程度的意識。這種做法也是把物質精神化了。他說單子與單子之間沒有窗戶可通，但是有一種預先注定了的和諧，彼此若合符節，宛如銅山西崩，洛鐘東應。這就是所謂「前定和諧說」，其中容納了格林克斯兩個時鐘的說法，但不是騎牆派，因爲它的基礎是唯心的單子論。

笛卡兒在經院哲學唯心論走到絕路的時候，提出了他的二元論，這是一條新路。當他的二元論再走上絕路的時候，他又提出了身心交感說，這又是一條新路。新路是在山重水復疑無路的時候提出來的，給人們提供一個可以走的新方向，走下去可以柳暗花明又一村。但是走過了柳暗花明又會遇到新的山重水復，還要找路。路是人走出來的，不走就沒有路。

任何道路，包括新開闢的在內，都是曲折的，也都可以有不同的走法。在科學的道路上艱難險阻是正常的。誰都可以摔跤。摔跤並不可怕，爬起來再走。怕只怕躺下不走，或者轉過身往回跑。笛卡兒不是那種人，而是不斷創新，永不停息的。他以後的人在他開闢的新路上往前走，又各有各的走法。他們有的先進一些，有的保守一些，這也沒有什麼奇怪。哲學思想的發展是一個社會性的集體活動，總的看來是一步一步前進的，局部的差池只是暫時的，也不失爲總的進程中的一個環節，我們正好從其中捕捉歷史辯證法的脈搏。

七、尾聲

笛卡兒是世界史上的著名人物，但是他只過了普普通通的一生。在他的一生中，並沒有什麼轟轟烈烈的壯舉激盪人心，也沒有什麼可歌可泣的事跡供人憑弔。他只是把自己的全部精力貢獻給了科學。

他不是聲名顯赫的神學博士，連教授也沒有當過，但是有很多學友，很多門人。他的教學活動和他的研究活動一樣，都是私人性質的。他也教過一些有地位的人，例如公主和女王，但不是太師少保，只是個依人籬下的家庭教師而已。

他沒有萊布尼茨那麼富貴，卻也不像斯賓諾莎那樣貧賤，只是同他們兩人一樣終生未娶，沒有享受過家庭生活的幸福。他曾經生過一個私生女兒，但不幸夭亡，使他終生遺憾。

他身體孱弱，精力不旺，只活了五十來歲，勉強算是中壽。但是在這不很長的一生裡，他不斷地研究和教人，成爲傳播新思想的一代宗師、人們的良師益友。由於堅持科學研究和傳播先進思想，他遭到過落後勢力的反對，講學受到限制，著作列爲禁書。但總算應付得還可以，沒有進過法庭和監獄，也沒有嚐過驅逐的滋味，身後還算享到一點哀榮。

這位深刻的思想家有兩個突出的特點：敢於除舊，勇於創新。他爲人類作出了一系列可貴的貢獻，但是最可貴的是他的求新精神、求實作風。他是普通人，也和所有的人一樣，不是完人，有缺點，有矛盾，身上還帶著不少舊時代的印記，思想中的矛盾起伏不已。如果挑剔他的毛病，那是相當多的。但是這一切都不足以掩蓋這塊哲學史上劃時代的里程碑。我們應當批判地繼承全部文化遺產，但是批判一點也不能離開歷史。對待笛卡兒和他的哲學也只能採取這樣的科學態度。

注釋

① 本文原名為〈笛卡兒〉，最早發表於《西方著名哲學家評傳》第四卷，山東人民出版社，一九八四年。

② *Discours de la méthode*, 1ère partie

③ *Principia philosophiae*, pars I, 1.

④ *Discours de la méthode*, 3ème partie.

⑤ *Principia philosophiae*, Lettre de L'auteurà celui qui a traduit le livre.

⑥ *Meditationes III*：「在這些觀念中間，我覺得有一些是我天賦的，有一些是從外面來的，有一些是我製造出來的。」

⑦ 見 *Meditationes de prima philosophia* 的附錄。

⑧ 見 Locke, *An Essay Concerning Human Understanding*, Bk, I.

⑨ 《馬克思恩格斯全集》，第二卷第一六〇頁，人民出版社一九五七年版。

⑩ *Principia philosophiae*, pars II, 36.

⑪ 恩格斯：《自然辯證法》，第二三六頁，人民出版社一九七一年版。

⑫ Les esprits animaux，一個舊醫學概念。據說有一種東西，由血液的精華形成，是運動的運載工具。這當然是出於想像的。舊譯按字面譯為「動物精神」，那是出於誤解，因為說的根本不是什麼精神，而是一種物質性的東西。

參考書目

Œuvres complètes de Descartes. éd. par Paul & Tannery, 10-vols, Paris, 1897-1910.

René Descartes Philosophische Werke. übers. von A. Buchnau, 2 Bde, Leipzig, 1922.

The Philosophical Works of Descartes. tr. by E.S. Haldane & C.T.R. Rosse, 2 vols, Cambridge, 1911-1912.

Kuno Fischer, *Geschichte der neuern Philosophie*, Ister Bd, Descartes Leben, Werke und Lehre, Heidelberg, 1897.

Norman Kemp Smith, *Studies in the Cartesian Philosophy*. London & New York, 1902.

Norman Kemp Smith, *New Studies in the Philosophy of Descartes*. London, 1952.

Etienne Gilson, *Etudes sur le rôle de la pensée médiévalle dans la formation du système cartesien*. Paris, 1930.

Jean Laporte, *Le rationalisme de Descartes*. Paris, 1950.

Michael Hooker (ed), *Critical and Interpretive Essays*. Baltimore, 1978.

Jonathan Rée, *Descartes*. London, 1974.

Karl Jaspers, *Descartes und die Philosophie*. Berlin, 1956.

F. Engels. *Sozialismus von der Utopie zur Wissenschaft*.

Discours de la méthode
René Descartes

談談方法

這篇談話①要是一口氣讀完嫌太長，可以把它分成六個部分。第一部分，大家可以看到，是一些對於各門學問②的看法。第二部分，是作者所尋求的那種方法的幾條主要的規則。第三部分，是他從這種方法裡引導出來的幾項行爲守則。第四部分，是他用來證明神③存在、證明人的靈魂④存在的那些理由，也就是他的形而上學⑤的基礎。第五部分，是他研究過的一系列物理學⑥問題，特別是對於心臟運動以及其他醫學方面難題的解釋，還有我們的靈魂與禽獸的靈魂的區別。最後一部分，是作者認爲一定要做哪些事情才能在自然研究方面比過去前進一步，以及是哪些理由促使他寫書。

譯注

①作者把這本書的書名題為《談……》（Discours...），不像一般學術論著那樣題為《論……》（Traité或Dissertatio...）。這是他有意讓一般讀者來閱讀和評論他的文章，而不想落入高頭講章的窠臼。為了這個目的，他寧願用當時人人能讀的口語法語寫作，不用文人學士的拉丁文，這個意思他在本書裡已經一再表露。此外，他還在一六三七年三月給Mersenne的信裡寫道：「可是我已經很瞭解您對這個標題的反對意見，因為我並不命名為《方法論》，而名之為《談談方法》，這就等於『關於方法的引言或意見』，以表明我並不打算講授這種方法，只想談談它。因為，大家會從我所說的看出，它是實踐多於理論，而且我還把以後的幾篇論文稱為〈這種方法的試探〉，這是由於我認為，如果沒有這種方法是發現不了那些論文裡包含的東西的。此外我還在第一篇談話裡加進了某些形而上學上、物理學上和醫學上的東西，表明這種方法可以用到各種題材上。」作者的這種態度表面上看是謙虛，實質上是以實事求是的作風，來反對當時居統治地位的經院哲學的空洞與虛驕。

②les sciences，這裡指的並不是今天意義的「科學」，而是當時意義的各種知識，既包括數學、幾何，也包括歷史、傳記以及詩詞、小說等等。作者是見到當時的知識不可靠，要用他的方法排除其中的虛假成分，從而建立真正的科學。

③Dieu，基督教的唯一的神，舊教（天主教）稱為天主，新教又稱上帝。作者借用宗教神學的這一範疇來建立他自己的哲學，略去神之為信仰對象的意義，把它看成絕對的本體，作為一切存在的依據，以及正確認識的基礎。

④l'âme，原來指生命的根本，由於思想是生命的一個方面，所以生命的根本也是思想的根本。作者借用宗教神學的靈魂範疇來建立他自己的知識論，所以強調靈魂之為思想的根本，定為兩個相對

本體之一，稱為心靈（l'esprit, mens），與形體（le corps）相對。

⑤ la metaphysique，指哲學中最根本的部分。這個詞原來出於亞里士多德的著作 TA META TA ΦΥΣΙΚΑ，即《物理學以後諸篇》，是後人將亞里士多德遺稿中關於根本哲學的篇章編在一起置於《物理學》之後，以後拉丁文譯者便用拉丁字母轉寫這個名稱，成為 Metaphysica，中文譯為《形而上學》。這部書討論的是「是者之為是者」（τὸ ὂν ᾗ ὂν），即關於是者的理論。作者繼承了亞里士多德的思想，也將他的最根本的哲學稱為「形而上學」或「第一哲學」。

⑥ la physique，指自然科學，如光學、生物學、天文學等，但不是指亞里士多德的「物理學」。亞里士多德的「物理學」是關於自然界（Φύσις）的一般理論，即自然哲學。笛卡兒的自然哲學稱為「物質性東西的原理」。

第一部分

良知①，是人間分配得最均勻的東西。因爲人人都認爲自己具有非常充分的良知，就連那些在其他一切方面全都極難滿足的人，也從來不會覺得自己的良知不夠，要想再多得一點。這一方面，大概不是人人都弄錯了，倒正好證明，那種正確判斷、辨別眞假的能力，也就是我們稱爲良知或理性的那種東西，本來就是人人均等的；我們的意見之所以分歧，並不是由於有些人的理性多些，有些人的理性少些，而只是由於我們運用思想的途徑不同，所考察的對象不是一回事。因爲單有聰明才智是不夠的，主要在於正確地運用才智。傑出的人才固然能夠做出最大的好事，也同樣可以做出最大的壞事；行動十分緩慢的人只要始終循著正道前進，就可以比離開正道飛奔的人走在前面很多。

拿我來說，就從來沒有以爲自己的才智完美，有什麼勝於常人的地方。甚至於我還常常希望自己能有跟某些人一樣敏銳的思想，一樣清楚分明②的想像③，一樣廣博或者一樣鮮明的記憶。除了這些以外，我不知道還有什麼別的品質可以使才智完美，因爲拿理性或良知來說，既然它是唯一使我們成爲人、使我們異於禽獸的東西，我很願意相信它在每個人身上都是不折不扣的，很願意在這一方面贊成哲學家們④的意見，就是：同屬⑤的各個個體只是所具有的偶性⑥可以或多或少，它們的形式⑦或本性並不能多點少點。

不過我可以大膽地說，我覺得自己非常幸運，從年輕的時候起，就摸索到幾條門路，從而作出一些考察，得到一些準則，由此形成了一種方法。憑著這種方法，我覺得有辦法使我的知識逐步增長，一步一步提高到我的平庸才智和短暫生命所能容許達到的最高水平。因爲我已經用這種方法取得了那麼多的成果，儘管我對自己的評判一貫從嚴，總是力求貶抑，不敢自負，儘管我用哲學家⑧的眼光看世人從事的各種活動和事業，覺得幾乎沒有一樣不是虛浮無益的，我還是抑制不住對自己認爲在尋求眞理方面已經取得的那種進展感到極大的滿意，覺得前途無量，如果在正派人從事的行業中有一種是確實有益而且重要的，我敢相信那就是我所挑選的那一種。

然而很可能這是我弄錯了，也許只撈到點黃銅、玻璃，我卻把它當成了金子、鑽石。我知道，在牽涉到自己本人的事情上，我們是非常容易弄錯的；朋友的評判對我有利的時候，也是非常值得我們懷疑的。不過，我很願意在這篇談話裡向大家說清楚我走過哪些道路，把我的經歷如實地一一描繪出來，使大家都能作出評判，好從群眾的議論裡聽取大家對我的意見。這可以說是我在慣常採用的那些自我教育辦法之外添上的一種新辦法。

因此，我並不打算在這裡教給大家一種方法，以爲人人都必須遵循它才能正確運用自己的理性；我只打算告訴大家我自己是怎樣運用我的理性的。從事向別人頒布訓條的人一定認爲自己比別人高明，如果稍有差錯就該受到責備。可是這本書裡提供的只是一種傳記性的東西，也可以說只是一種故事性的東西，其中除了某些可以仿效的例子以外，也許還可以找到許多別的例子大家有理由不必遵循。所以我希望它會對某些人有益而對任何人無害，也希望我的坦率能得到大家的讚許。

我自幼受書本教育。由於聽信人家的話，認爲讀書可以得到明白可靠的知識，懂得一切有益人生的道理，所以我如飢似渴地學習。可是等到學完全部課程，按例畢業，取得學者資格的時候，我的看法就完全改變了。因爲我發現自己陷於疑惑和謬誤的重重包圍，覺得努力求學並沒有得到別的好處，只不過越來越發現自己無知。可是我進的是歐洲最著名的學校[9]，如果天下有飽學之士的話，我想那裡就該有。我把這所學校裡別人所學的功課全部學完，甚至不以學校講授的學問爲滿足，凡是大家認爲十分希奇、十分古怪的學問⑩，只要撈得到講它的書，我統統讀了。此外，我也知道別人對我的評判，我沒有見到任何人認爲我不如我的同學，雖然他們當中已經有幾位被選定爲老師的接班人了。最後，我覺得我們這個時代人才輩出，俊傑如雲，不亞於以往任何時代，這就使我可以自由地對所有的人作出我自己的判斷，認爲世界上根本沒有一種學說眞正可靠，像從前人們讓我希望的那樣。

儘管如此，我還是重視學校裡所受的各種訓練。我很明白：學校裡教的語言文字⑪，是通曉古書的必要條件；寓言裡的機智，可以發聾振聵；史傳上的豐功偉業，可以激勵人心；精研史冊，可以有助於英明善斷；遍讀好書，有如走訪著書的前代高賢，同他們促膝談心，而且是一種精湛的交談，古人向我們談出的只是他們最精粹的思想。我也明白：雄辯是優美豪放無與倫比；詩詞則婉轉纏綿動人心弦；數學有十分奧妙的發明，用處很大，既能滿足好奇心，又能幫助各種技藝，減輕人們的勞動；宣揚風化的文章包含許多教訓、許多箴言，勸人淑世爲善；神學指引升天大道；哲學⑫教人煞有介事地無所不談，博得淺人敬佩；法學、醫學等類學問給治學者帶來盛名厚利。而且我還明白：博學旁通，連最迷信、最虛妄的東西也不放過，是有好處的，可以知道老底，不上它們的當。

可是我認爲自己用在語言文字上的功夫已經夠多，誦讀古書、讀歷史、讀寓言花的時間也已經不少。因爲同古人交談有如旅行異域，知道一點殊方異俗是有好處的，可以幫助我們比較恰當地評價本鄉的風俗，不至於像沒有見過世面的人一樣，總是以爲違反本鄉習慣的事情統統是可笑的、不合理的。可是旅行過久就會對鄉土生疏，對古代的事情過分好奇每每會對現代的事情茫然無知。何況寓言使人想入非非，把許多不可能的事情想成可能。就連最忠實的史書，如果不歪曲、不誇張史實以求動聽，至少總要略去細微末節，因而不能盡如原貌；如果以此爲榜樣亦步亦趨，每每會同傳奇⑬裡的快客一樣陷於浮誇，想出來的計劃每每會無法實現。

我很看重雄辯，並且熱愛詩詞。可是我認爲雄辯和詩詞都是才華的產物，而不是研究的成果。一個人只要推理能力極強，極會把自己的思想安排得明白易懂，總是最有辦法使別人信服自己的論點的，哪怕他嘴裡說的只是粗俗的布列塔尼⑭土話，也從來沒有學過修辭學。一個人只要有絕妙的構思，又善於用最佳的辭藻把它表達出來，是無法不成爲最偉大的詩人的，哪怕他根本不知道什麼詩法。

我特別喜愛數學，因爲它的推理確切明瞭；可是我還看不出它的眞正用途，想到它一向只是用於機械技術，心裡很驚訝，覺得它的基礎這樣牢固，這樣結實，人們竟沒有在它的上面造起崇樓傑閣來。相反地，古代異教學者們寫的那些講風化的文章好比宏偉的宮殿，富麗堂皇，卻只是建築在泥沙上面。他們把美德捧得極高，說得比世上任何東西都可貴；可是他們並不教人認識清楚美德是什麼，被他們加上這個美名的往往只是一種殘忍，一種傲慢，一種灰心，一種弒上。

我尊敬我們的神學，並且同別人一樣要求升天。可是人家十分肯定地說：最無知的人也同最博學的人一樣可以進天堂，指引人們升天的天啓眞理不是我們的智力所能理解的。我聽了這些話，就不敢用我的軟弱推理去窺測那些眞理了。我想一定要有天賜的特殊幫助，而且是個超人，才能從事研究那些眞理，得到成就。

關於哲學我只能說一句話：我看到它經過千百年來最傑出的能人鑽研，卻沒有一點不在爭論中，因而沒有一點不是可疑的，所以我不敢希望自己在哲學上的遭遇比別人好；我考慮到對同一個問題可以有許多不同的看法，都有博學的人支持，而正確的看法卻只能有一種，所以我把僅僅貌似眞實的看法一律看成大概是虛假的。

至於其他的學問，既然它們的本原⑮是從哲學⑯裡借來的，我可以肯定，在這樣不牢固的基礎上絕不可能建築起什麼結實的東西來。這類學問所能提供的名利，是不足以促使我去學習它們的，因爲謝天謝地，我並不感到境遇窘迫，要拿學問去牟利，以求改善生活；我雖不像犬儒派⑰那樣自稱藐視榮譽，對於那種只能依靠虛假的招牌取得的名聲我是很不在意的。最後說到那些騙人的學說，我認爲已經摸清了它們的老底，再也不會上當受騙，不管它是煉金術士的包票，還是占星術士的預言，是巫師的鬼把戲，還是那些強不知以爲知的傢伙的裝腔做勢、空心牛皮。

就是因爲這個緣故，一到年齡容許我離開師長的管教時，我就完全拋開了書本的研究。我下定決心，除了那種可以在自己心裡或者在世界這本大書裡找到的學問以外，不再研究別的學問。於是趁年紀還輕的時候就去遊歷，訪問各國的宮廷和軍隊，與氣質不同、身分不同的人交往，搜集各種經驗，在碰到的各種局面裡考驗自己，隨時隨地用心思考面前的事物，以便從中取得教益。因爲在我看來，普通人的推理所包含的眞理要比讀書人的推理所包含的多得多：普通人是對切身的事情進行推理，如果判斷錯了，它的結果馬上就會來懲罰他；讀書人是關在書房裡對思辨的道理進行推理，思辨是不產生任何實效的，僅僅在他身上造成一種後果，就是思辨離常識越遠，他由此產生的虛榮心大概就越大，因爲一定要花費比較多的心思，想出比較多的門道，才能設法把那些道理弄得好像是眞理。我總是如飢似渴地要求學會分清眞假，以便在行動中心明眼亮，一輩子滿懷信心地前進。

的確，我在專門考察別國風俗的階段，根本沒有看到什麼使我確信的東西，我發現風俗習慣是五花八門的，簡直同我過去所看到的那些哲學家的意見一樣。所以我由此得到的最大的好處就是大開眼界，看到有許多風俗儘管我們覺得十分離奇可笑，仍然有另外一些大民族一致贊成採納，因此我懂得不能一味聽從那些成規慣例堅信不移，這樣，我就擺脫了許多錯誤的看法，免得我們天然的靈明⑱受到蒙蔽，不能聽從理性。可是，我花了幾年工夫像這樣研究世界這本大書、努力取得若干經驗之後，終於下定決心同時也研究我自己，集中精力來選擇我應當遵循的道路。這樣做，我覺得取得的成就比不出家門、不離書本大多了。

譯注

① **le bon sens**，指一種良好的官能，不同於可以弄錯的感覺官能如視、聽等。這是一種絕對正確的分辨能力，有如孟子所謂不慮而知的良知，即理性。但是作者此處所用的意義不同於中國人所理解的分辨善惡的能力，而是指分辨真假的能力，即理性的知識論意義而非倫理學意義。此外，這裡用的也不是斯多亞派智慧的意思，如《引導心智的規則》中所說的那種 **bona mens**（良心）。

② **net et distinct**，指既乾淨又沒有混淆。這是作者心目中的真理標準。**net** 有時也寫作 **clair**（明白）。

③ **l'imagination**，指心靈的一種能力，根據對象的痕跡形成形象，因此為發明、創造所必需，不是一般所謂胡思亂想的意思。

④ 指當時佔統治地位的經院哲學家們。

⑤ **l'espèce**，拉丁文作 **species**，指「種」（**genus**）下面的「屬」。

⑥ **l'accident**，經院哲學從亞里士多德哲學中繼承來的範疇，指一種性質，缺了或加上它並不影響某

物之為某物。

⑦ la forme，經院哲學從亞里士多德哲學中繼承來的範疇，指一種性質，為某物之為某物所必需。

⑧ 指真正的哲學家，即愛智者。

⑨ 法國西部安茹省拉．弗萊施城的亨利四世公學，一所由國王設立、交耶穌會士辦理的貴族學校。笛卡兒於一六〇四年入學，一六一六年獲得碩士學位。

⑩ 指煉金術、占星術、手相術、土占術、通靈術、巫術之類。

⑪ 指古代的希臘文和拉丁文，是該校的基礎課，於一年級、二年級、三年級修習。

⑫ 指當時流行的經院哲學，該校於最後三個學年講授。

⑬ 歐洲十六世紀有著名小說《唐．吉訶德》，給人深刻印象。

⑭ Bretagne，法國西北部一個半島，與英國隔海相望，居民的方言很難懂。

⑮ le principe，原意是「開始」，即希臘哲學的 ἀρχὴ，我國一向譯為「原則」或「原理」，是在它的本義「原始」上加了「規則」或「道理」的意思，這裡用的不是這個詞義。

⑯ 指佔統治地位的經院哲學。

⑰ le cynique，古希臘蘇格拉底以後的一個支派，以憤世嫉俗著稱。

⑱ la lumière naturelle，指良知。

第二部分

我那時在日耳曼，是那場尚未結束的戰爭①把我招引到了那裡。我參觀皇帝②加冕後回到部隊的時候，冬天已經到了，只好留在駐地③。那裡既找不到人聊天解悶，幸好也沒有什麼牽掛，沒有什麼情緒使我分心，我成天獨自關在一間暖房裡，有充分的閑暇跟自己的思想打交道。在那些思想當中，第一個是我注意到：拼湊而成、出於眾手的作品，往往沒有一手製成的那麼完美。我們可以看到，由一位建築師一手建成的房屋，總是要比七手八腳利用原來作爲別用的舊牆設法修補而成的房屋來得整齊漂亮。那些原來只是村落、經過長期發展逐漸變成都會的古城，通常總是很不勻稱，不如一位工程師按照自己的設想在一片平地上設計出來的整齊城鎮；雖然從單個建築物看，古城裡常常可以找出一些同新城裡的一樣精美，或者更加精美，可是從整個布局看，古城裡的房屋橫七豎八、大大小小，把街道擠得彎彎曲曲、寬窄不齊，與其說這個局面是由運用理性的人的意志造成的，還不如說是聽天由命。如果考慮到這一點，那就很容易明白，單靠加工別人的作品是很難做出十分完美的東西的。我也同樣想到，有些民族原來處於半野蠻狀態，只是逐步進入文明，感到犯罪和爭吵造成麻煩，迫不得已才制定了法律，它們的治理程度就比不上那些一結成社會就遵奉某個賢明立法者的法度的民族。由神一手制定清規的眞宗教④，就確實精嚴無比，勝過其他一切宗教。拿人的事情來說，我認爲，斯巴達之所以曾經十分強盛，並不是因爲它的每一條法律都好，其中就有許多條非常古怪，甚至違反善良的風俗⑤；其所以如此，原因在於它的全部法律是由一個人制定的⑥，是爲著同一個目的的。我又想到，書本上的學問，至少那些只說出點貌似眞實的道理、卻提不出任何證據的學問，既然是多數人的分歧意見逐漸拼湊堆砌而成的，那就不能像一個有良知的人對當前事物自然而然地作出的簡單推理那樣接近眞理。我還想到，既然我們每個人在成年以前都當過兒童，都不能不長期受慾望和教師的支配，教師們的意見又常常是互相抵觸的，而且誰的教導都未必總是正確，那麼，我們的判斷要想一塵不染，十分可靠，就像一生下來就完全運用理性、只受理性指導一樣，那是簡直不可能的。

我們雖然沒有見過誰把全城的房屋統統拆光，只是打算換過樣式重建，把街道弄漂亮；可是常常看到許多人把自己的房子拆掉，打算重蓋，也有時候是因爲房子要塌，或者房基不固，不得不拆。以此爲例，我相信：個人打算用徹底改變、推翻重建的辦法改造國家，確實是妄想；改造各門學問的主體，或者改造學校裡講授各門學問的成規，也是同樣辦不到的；可是說到我自己一向相信的那些意見，我卻沒有別的好辦法，只有把它們一掃而空，然後才能換上好的，或者把原有的用理性校正後再收回來。我深信，用這種辦法做人，得到的成就一定可觀，大大超過死守舊有的基礎、一味依賴年輕時並未查明是否眞實就貿然聽信的那些原則。因爲我雖然看到這樣做有種種困難，那些困難卻不是無法克服的，並不像涉及公眾的事情那樣，哪怕雞毛蒜皮，改革起來都困難無比。那些大體制推倒了就極難扶起，甚至動搖了就極難擺穩，而且垮下來是十分可怕的。至於它們的毛病，那是有的，單憑它們的分歧就足以肯定它們有毛病，可是習慣確實已經使毛病大大減輕，甚至在不知不覺中使大量毛病得以免除，或者得到改正，我們憑思慮是做不到那麼好的。而且，沿用舊體制幾乎總是比改換成新體制還要好受一些；舊體制好比盤旋山間的老路，走來走去就漸漸平坦好走了，還是照著它走好，不必翻大山過深溝抄直走。

因此，有些人飛揚浮躁，門第不高，家貲不厚，混進了官場，卻老想改革政治，我是絕不能贊成他們的。我要是想到這本書裡有一點點東西可以令人懷疑我有那麼愚蠢，我就會十分懊悔讓它出版了。我的打算只不過是力求改造我自己的思想，在完全屬於我自己的基地上從事建築。儘管我對自己的工作相當滿意，在這裡向大家提出一個樣品，這並不表明我有意勸別人學我。那些得天獨厚的人也許會有比我高明的打算，可是對於很多人來說，我很擔心我這個打算已經太大膽了。單拿下決心把自己過去聽信的意見統統拋棄這一點說，就不是人人都應當效法的榜樣。世界上的人大致說來只分爲兩類，都不宜學這個榜樣。一類人自以爲高明，其實並不那麼高明，既不能防止自己下倉促的判斷，又沒有足夠的耐性對每一件事全都有條有理地思想，因此，一旦可以自由地懷疑自己過去接受的原則，脫離大家所走的道路，就永遠不能找到他所要走的捷徑，結果一輩子迷惑到底。另一類人則相當講理，也就是說相當謙虛，因而認定自己分辨眞假的能力不如某些別人，可以向那些人學習，既然如此，那就應該滿足於聽從那些人的意見，不必自己去找更好的了。

至於我自己，如果我一直只有一位老師，或者根本不知道自古以來學者們的意見就是分歧的，那我就毫無疑問屬於後一類。可是，我在學生時期就已經知道，我們能夠想像得出來的任何一種意見，不管多麼離奇古怪，多麼難以置信，全都有某個哲學家說過。我在遊歷期間就已經認識到，與我們的意見針鋒相對的人並不因此就全都是蠻子和野人，正好相反，有許多人運用理性的程度與我們相等，或者更高。我還考慮到，同一個人，具有著同樣的心靈，自幼生長在法蘭西人或日耳曼人當中，就變得大不相同；連衣服的樣式也是這樣，一種款式十年前時興過，也許十年後還會時興，但我們現在看起來就覺得古里古怪，非常可笑。由此可見，我們所聽信的大都是成規慣例，並不是什麼確切的知識；有多數人贊成並不能證明就是什麼深奧的眞理，因爲那種眞理多半是一個人發現的，不是眾人發現的。所以我挑不出那麼一個人我認爲他的意見比別人更可取，我感到莫可奈何，只好自己來指導自己。

不過，我好像一個在黑暗中獨自摸索前進的人似的，下決心慢慢地走，每一樣東西都仔細摸它一摸，這樣雖然進步不大，至少保得住不摔倒。我甚至於寧願先付出充分的時間爲自己所要從事的工作擬出草案，爲認識自己力所能及的一切事物尋找可靠的方法，而不一開始就大刀闊斧把過去未經理性指引潛入我心的一切意見完全拋棄。

我早年在哲學方面學過一點邏輯，在數學方面學過一點幾何學分析和代數。這三門學問似乎應當對我的計劃有所幫助。可是仔細一看，我發現在邏輯方面，三段論式和大部分其他法則只能用來向別人說明已知的東西，就連魯洛⑦的《學藝》之類也只能不加判斷地談論大家不知道的東西，並不能求知未知的東西。這門學問雖然確實包含著很多非常正確、非常出色的法則，其中卻也混雜著不少有害或者多餘的東西，要把這兩類東西區別開來，困難的程度不亞於從一塊未經雕琢的大理石裡取出一尊戴安娜像或雅典娜像。至於古代人的分析⑧和近代人的代數，都是只研究非常抽象、看來毫無用處的題材，此外，前者始終局限於考察圖形，因而只有把想像力累得疲於奔命才能運用理解力；後者一味拿規則和數字來擺布人，弄得我們只覺得紛亂晦澀、頭昏腦脹，得不到什麼培養心靈的學問。就是因爲這個緣故，我才想到要去尋找另外一種方法，包含這三門學問的長處，而沒有它們的短處。我知道，法令多如牛毛，每每執行不力；一個國家立法不多而雷厲風行，倒是道不拾遺。所以我相信，用不著制定大量規條構成一部邏輯，單是下列四條，只要我有堅定持久的信心，無論何時何地絕不違犯，也就夠了。

第一條是：凡是我沒有明確地認識到的東西，我絕不把它當成眞的接受。也就是說，要小心避免輕率的判斷和先入之見，除了清楚分明地呈現在我心裡、使我根本無法懷疑的東西以外，不要多放一點別的東西到我的判斷裡。

第二條是：把我所審查的每一個難題按照可能和必要的程度分成若干部分，以便一一妥爲解決。

第三條是：按次序進行我的思考，從最簡單、最容易認識的對象開始，一點一點逐步上升，直到認識最複雜的對象；就連那些本來沒有先後關係的東西，也給它們設定一個次序。

最後一條是：在任何情況之下，都要盡量全面地考察，盡量普遍地複查，做到確信毫無遺漏。

我看到，幾何學家通常總是運用一長串十分簡易的推理完成最艱難的證明。這些推理使我想像到，人所能認識到的東西也都是像這樣一個連著一個的，只要我們不把假的當成眞的接受，並且一貫遵守由此推彼的必然次序，就絕不會有什麼東西遙遠到根本無法達到，隱蔽到根本發現不了。要從哪些東西開始，我覺得並不很難決定，因爲我已經知道，要從最簡單、最容易認識的東西開始。我考慮到古今一切尋求科學眞理的學者當中，只有數學家能夠找到一些證明，也就是一些確切明瞭的推理，於是毫不遲疑地決定就從他們所研討的這些東西開始，雖然我並不希望由此得到什麼別的好處，只希望我的心靈得到熏陶，養成熱愛眞理、厭惡虛妄的習慣。但是我並不打算全面研究一切號稱數學的特殊學問。我看出這些學問雖然對象不同，卻有一致之處，就是全都僅僅研究對象之間的各種關係或比例。所以我還是只從一般的角度研究這些關係爲好，不要把它們假定到某種對象上面，除非那種對象能使我們更容易認識它們，更不要把它們限制到某種對象上面，這樣，才能把它們同樣恰當地應用於其他一切對象。我又注意到，爲了認識這些關係，我有時候需要對它們一一分別研究，有時候只要把它們記住，或者放在一起理解。所以我想：爲了便於分別研究它們，就該把它們假定爲線的關係，因爲我發現這是最簡單的，最能清楚地呈現在我們的想像和感官面前；另一方面，爲了把它們記住或者放在一起研究，就該用一些盡可能短的數字來說明它們；用這個辦法⑨，我就可以從幾何學分析和代數裡取來全部優點，而把它們的全部缺點互相糾正了。

實際上，我可以大膽地說，由於嚴格遵守我所選擇的那少少幾條規則，我輕而易舉地弄清了這兩門學問所包括的一切問題，因此在從事研究的兩三個月裡，我從最簡單、最一般的問題開始，所發現的每一個眞理都是一條規則，可以用來進一步發現其他眞理。這樣，我不但解決了許多過去認爲十分困難的問題，而且對尚未解決的問題也覺得頗有把握，能夠斷定可以用什麼辦法解決，以及可能解決到什麼程度。這一點，也許大家不會覺得我太誇口，因爲大家會考慮到，一樣東西的眞理只有一個，誰發現了這個眞理，誰就在這一點上知道了我們能夠知道的一切。比方說，一個學了算術的小孩按照算術規則做完一道加法題之後，就可以確信自己在這道題的和數上發現了人心所能發現的一切。因爲說到底，這種方法教人遵照研究對象的本來次序確切地列舉它的全部情況，就包含著算術規則之所以可靠的全部條件。

不過這種方法最令我滿意的地方還在於我確實感到，我按照這種方法在各方面運用我的理性，雖不敢說做到盡善盡美，至少可以說把我的能力發揮到了最大限度。此外我還感到，由於運用這種方法，我的心靈逐漸養成了過細的習慣，把對象瞭解得更清楚、更分明瞭。我沒有把這種方法固定到某種對象上，很希望運用它順利地解決其他各門學問的難題，跟過去解決代數上的難題一樣。不過我並沒有因此放大膽一開頭就去研究所有的一切學問，因爲那樣做本身就違反這種方法所規定的次序。我考慮到一切學問的本原都應當從哲學裡取得，而我在哲學裡還沒有發現任何確實可靠的本原，所以我想首先應當努力在哲學上把這種本原建立起來；可是這件工作是世界上最重要的事情，又最怕輕率的判斷和先入之見，我當時才二十三歲，不夠成熟，一定要多等幾年，事先多花些時間準備，一面把過去接受的錯誤意見統統從心裡連根拔掉，一面搜集若干經驗作爲以後推論的材料，並且不斷練習我所規劃的那種方法，以便逐漸熟練鞏固。

譯注

①指一六一八年至一六四八年新教徒與舊教徒的戰爭。笛卡兒於一六一八年到荷蘭作為志願軍參加了新教徒 Maurice de Nassau 的軍隊，後來又轉入舊教徒巴伐利亞的 Maximilian 公爵的部隊，一六

一九年離開阿姆斯特丹到過丹麥、波蘭、匈牙利等國。

②指 **Ferdinand**，波希米亞國王（一六一七年）兼匈牙利國王（一六一八年），被推選為神聖羅馬帝國皇帝，一六一九年於法蘭克福加冕。

③指萊茵河畔烏爾姆城郊的一個村子。

④指基督教。

⑤例如斯巴達的憲法規定必須把發育不良的嬰兒從山上拋下摔死、讚揚偷竊食物不被逮住的兒童、鼓勵狡詐和密探、少女在體育場上裸體活動、公妻制等。

⑥傳說斯巴達的法律是公元前九世紀由 **Lycurgue** 制定的。

⑦**Lulle**（拉丁文作 **Ramon Lullus, 1235–1315**），加泰羅尼亞（今西班牙境內）的經院哲學家，著有《大學藝》（*Ars magna*）。

⑧指幾何學。

⑨指作者所建立的解析幾何。在這以前，數學的兩個分支幾何和代數是各行其事，互不溝通的：幾何以連續的量為對象，代數以不連續的量為對象。笛卡兒利用他的座標打通了這兩個數學部門，把圖形和數目結合起來。

第三部分

我們知道，在重建住宅之前，光把舊房拆掉，備上新料，請好建築師，或者親自設計，並且仔細繪出圖紙，畢竟還是不夠的，還應該另外準備一所房子，好在施工期間舒舒服服地住著。所以，當我受到理性的驅使、在判斷上持猶疑態度的時候，爲了不至於在行動上猶疑不決，爲了今後還能十分幸運①地活著，我給自己定下了一套臨時行爲規範，一共只有三、四條準則，我願意把它的內容告訴大家。

第一條是：服從我國的法律和習俗，篤守我靠神保佑從小就領受的宗教②，在其他一切事情上以周圍最明智的人爲榜樣，遵奉他們在實踐上一致接受的那些最合乎中道、最不走極端的意見，來約束自己。因爲我雖然爲了重新審查自己的全部意見，從那時起把它們一律當成一文不值，卻深信最好還是遵從最明智的人的看法。儘管波斯和中國也許跟我們這裡一樣有很明智的人，我覺得還是效法自己周圍的人好處最大。

而且，要想知道他們眞正的看法，一定要看他們的實際行動，不能光聽他們說的話，這不僅是由於世風日下，有不少人不肯全說眞心話，也是由於有不少人並不知道自己的眞心是什麼；因爲相信一件事並不等於知道自己相信這件事，這是兩種思想活動，常常分道揚鑣，在那些有同樣多的人接受的看法當中，我總是選擇最合乎中道的。這樣做，一方面是因爲這種看法永遠最便於實行，既然偏激通常總是壞的，大概這也就是最好的看法；另一方面也是因爲可以在犯錯誤的時候不致離開正道過遠：萬一我選擇了一極端，應當走的卻是另一極端，那就糟了。而且我特別認爲屬於偏激的是各種限制我們某項自由的諾言。這並不是我不贊成法律允許人們賭咒發誓、訂立必須信守不渝的契約，以防止不堅定的人反覆無常，保證達到某種正當目的，如保證公平交易之類。正好相反。這只是因爲我看到，世界上的一切，特別是我這個人，並不是永遠保持原狀的。拿我來說，就希望把自己的判斷弄得越來越完善，並不希望把它弄糟，如果由於曾經贊成過某件事，後來事情變了樣我還只好說它對，我認爲那就是犯了違背良知的大錯，我要變卦，不認爲它對。

我的第二條準則是：在行動上盡可能堅定果斷，一旦選定某種看法，哪怕它十分可疑，也毫不動搖地堅決遵循，就像它十分可靠一樣。這樣做是效法森林裡迷路的旅客，他們絕不能胡亂地東走走西撞撞，也不能停在一個地方不動，必須始終朝著一個方向盡可能筆直地前進，儘管這個方向在開始的時候只是偶然選定的，也不要由於細小的理由改變方向，因爲這樣做即便不能恰好走到目的地，至少最後可以走到一個地方，總比困在樹林裡面強。爲人處世也是這樣，我們的行動常常必須當機立斷，刻不容緩。有一條非常可靠的眞理，就是在無法分辨哪種看法最正確的時候必須遵從或然性最大的看法，即便看不出哪種看法或然性大些也必須選定一種，然後在實踐中不再把它看成可疑的，而把它當作最正確、最可靠的看法，因爲我們選定這種看法的理由本來就是如此。我明白了這個道理，從那時起就不犯後悔的毛病，不像意志薄弱的人那樣反覆無常，一遇風吹草動就改變主意，今天當作好事去辦的明天就認爲很壞。

我的第三條準則是：永遠只求克服自己，不求克服命運，只求改變自己的願望，不求改變世間的秩序。總之，要始終相信：除了我們自己的思想以外，沒有一樣事情可以完全由我們作主。所以，我們對自身以外的事情盡了全力之後，凡是沒有辦到的，對於我們來說，就是絕對辦不到的事情。我覺得明白了這一點就可以消除癡心妄想，凡是得不到的東西就不要盼望將來把它弄到手；這樣也就安分守己、心滿意足了。因爲我的意志所能要求的，本來只是我的理智認爲大致可以辦到的事情，如果我們把身外之物一律看成由不得我們自己作主的東西，那麼，在平白無故地被削除封邑的時候，就絕不會因爲喪失那份應當分封給我這位貴族的采地而懊惱，就像不會因爲沒有當上中國皇帝或墨西哥國王而懊惱一樣；推而廣之，生了病也就不會妄想健康，坐了牢也就不會妄想自由，就像不會妄想生成金剛不壞之身、長出高飛遠翥的翅膀一樣。不過我也承認，一定要經過長期訓練，反覆思考，才能熟練地從這個角度去看萬事萬物。我相信，那些古代哲學家③之所以能夠擺脫命運的干擾，漠視痛苦和貧困，安樂賽過神仙，其祕密主要就在於此。因爲他們不斷地考察自然給他們劃定的界限，終於大徹大悟，確信除了自己的思想之外，沒有一樣東西可以由他們作主，確信只要認清這一點就可以心無挂礙，不爲外物所動；他們對自己的思想作出了絕對的支配，因此也就有理由認爲自己又富又強，逍遙安樂，勝過所有的別人。別人因爲不懂這種哲學，不管得到自然和命運多大優待，還是不能支配一切、事事如願以償的。

最後，爲了結束這個行爲規範，我曾經想到檢視一下人們這一輩子從事的各行各業，以便挑選出最好的一行。對於別人的行業我不打算說什麼話，我認爲我最好還是繼續自己所從事的那一行，也就是把我的一生用來培養我的理性，按照我所規定的那種方法盡全力增進我對眞理的認識。自從使用這種方法以來，我嚐到了極大的快樂，覺得人生在世所能得到的快樂沒有比這更美妙、更純潔的了。我憑著這種方法每天發現若干眞理，覺得都相當重要，都是別人所不知道的，因此滿心歡喜，別的事情全都不放在心上。此外，我建立上述三條準則只有一個目的，就是繼續教育我自己。因爲神既然已經賜給我們每人一份分辨眞假的天然靈明，我覺得自己絕不應該有片刻工夫滿足於別人的看法，只有打定主意在條件成熟的時候用自己的判斷去審查別人的看法；我絕不能馬馬虎虎地跟在別人的看法後面轉，只希望自己不放過任何機會盡可能地找出更好的看法。最後，我絕不能限制自己的要求，也不能安於現狀，只能走那樣一條路，我認爲照著這條路走下去，凡是我能夠得到的知識都一定可以到手，凡是我能夠得到的眞正的好東西也就一定可以到手。因爲我們的意志是不是追求一樣東西，只是根據我們的理智把它看成好的還是壞的；有了正確的判斷，就可以有正確的行動，判斷得盡可能正確，行動也就盡可能正確，就是說，可以取得一切美德以及其他一切我們能夠取得的好東西；知道自己一定可以這樣，當然不能不高興。

我用這三條準則給自己保了險，把它們並列於信仰上的眞理，我心中永遠佔首位的眞理。這樣做了之後，我認爲可以放手把我的其他看法統統拋棄了。我把自己關在那間暖房裡得到了這樣一些思想，可是爲了順利完成我的清掃工作，我覺得與其在那裡閉門長住下去還不如走出來跟人們交往，所以我不等冬天過完又開始遊歷了。以後整整九年，我只是在世界上轉來轉去，遇到熱鬧戲就看一看，只當觀眾，不當演員。對每一個問題我都仔細思考一番，特別注意其中可以引起懷疑、可以使我們弄錯的地方，這樣，就把我過去馬馬虎虎接受的錯誤一個一個連根拔掉了。我這並不是模仿懷疑論者④，學他們爲懷疑而懷疑，擺出永遠猶疑不決的架勢。因爲事實正好相反，我的整個打算只是使自己得到確信的根據，把沙子和浮土挖掉，爲的是找出磐石和硬土。這樣做我覺得相當成功，因爲我對命題進行審查、揭露其錯誤或不確之處的時候，用的並不是軟弱無力的猜測，而是明白確切的推理；我發現任何一個命題，不管如何可疑，總可以從其中推出一點相當可靠的結論來，哪怕那個命題本身是一點都不可靠的。人們拆除舊房的時候，總是把拆下的舊料保存起來，利用它蓋新房。我也是這樣辦的。我斷定自己的某種看法根據不足，把它取消不要的時候，總是從各方面觀察，取得若干經驗，這些經驗後來都有助於建立更可靠的看法。此外我還繼續練習我所制定的那種方法，因爲我不僅從一般的方面著手，按照那些規則仔細地運用我的全部思想，而且還隨時留下一點時間，從特殊的方面著手，解決了某些數學上的難題，甚至解決了某些其他科學上的難題；我發現那些問題所依據的本原不夠牢靠，使它們脫離了那些本原，就把它們弄得幾乎跟數學問題差不多了。大家可以在這本書裡見到許多實例⑤，說明我是怎樣做的。如此看來，我的生活方式表面上跟某些人沒有什麼兩樣：不做什麼事情，只是愉快地、正派地過著日子，用心把歡樂和邪惡分開；爲了不至於閑得無聊，從事著各種正當的娛樂。可是儘管如此，我仍然在執行我的計劃，增進我對眞理的認識，成績也許比埋頭讀書、只跟讀書人往來還要大些。

然而，時間已經過了九年，我還沒有對學者們爭論不休的難題作出任何評判，還沒有開始尋求任何比流行學說可靠的哲學原理。過去有許多高明的人曾經打算這樣做，我覺得他們並沒有成功。這種失敗的先例使我想到這件工作困難很多，要不是聽到人們傳說紛紛，說我已經完成了這件工作，我大概還不敢這樣早就去做它。我說不出那種傳說的根據是什麼，如果與我的言論有幾分聯係的話，那一定是由於我比一般有點學問的人老實些，有啥說啥，不知道的就說不知道；也可能是由於我舉出種種理由，說明我爲什麼對很多別人認爲可靠的看法發生懷疑，而並不是由於我吹噓某種學說。可是我還有點志氣，不願意有名無實，所以我認爲自己無論如何一定要爭口氣，不負大家對我的器重。整整八年，我決心避開一切可能遇到熟人的場合，在一個地方⑥隱居下來。那裡在連年烽火之後已經建立了良好的秩序，駐軍的作用看來僅僅在於保障人們享受和平的成果，居民人口眾多，積極肯幹，對自己的事情非常關心，對別人的事情並不注意。我住在那些人當中可享受到各種便利，不亞於通都大邑，而又可以獨自一人，就像住在荒無人煙的大沙漠裡一樣。

譯注

① heureusement，指安適不遭橫禍。笛卡兒害怕受到攻擊以至迫害，所以要爭取安全，但是他並不把幸運（l'heur）與幸福（la béatitude）混為一談，他把幸運看成我們身外之物所決定的，認為幸福才是我們內心的完全滿足。後者是他的倫理學的目的，前者只是他應付環境的策略。

② 羅馬天主教。

③ 指古羅馬的斯多亞派哲學家。

④ 古希臘晚期以 Pyrrhon 為首的主張懷疑一切的哲學家。

⑤ 作者在本書中附有三篇論文，作為他運用這種方法進行研究的實例。

⑥ 荷蘭。

第四部分

我不知道該不該跟大家談談我在那方面進行的第一批沉思，因爲那些沉思實在太玄遠、太不通俗了，未必人人都感興趣。可是，爲了使大家能夠評判我打下的基礎夠不夠結實，我覺得還是非談不可。我早就注意到，爲了實際行動，有時候需要採納一些明知很不可靠的看法，把它們當成無可懷疑的看待，這是上面說過的。可是現在我的目的是專門尋求眞理，我想做法就完全相反：任何一種看法，只要我能夠想像到有一點可疑之處，就應該把它當成絕對虛假的拋掉，看看這樣清洗之後我心裡是不是還剩下一點東西完全無可懷疑。因此，既然感官有時欺騙我們，我就寧願認定任何東西都不是感官讓我們想像的那個樣子。既然有些人推理的時候出錯，連最簡單的幾何學問題都要弄亂，作出似是而非的推論，而我自己也跟別人一樣難免弄錯，那我就把自己曾經用於證明的那些理由統統拋棄，認爲都是假的。最後我還考慮到，我們醒時心裡的各種思想在睡著時也照樣可以跑到心裡來，而那時卻沒有一樣是眞的。既然如此，我也就下決心認定：那些曾經跑到我們心裡來的東西也統統跟夢裡的幻影一樣不是眞的。可是我馬上就注意到：既然我因此寧願認爲一切都是假的，那麼，我那樣想的時候，那個在想的我就必然應當是個東西。我發現，「我想，所以我是」①這條眞理是十分確實、十分可靠的，懷疑派的任何一條最狂妄的假定都不能使它發生動搖，所以我毫不猶豫地予以採納，作爲我所尋求的那種哲學的第一條原理。

然後我仔細研究我是什麼，發現我可以設想我沒有形體②，可以設想沒有我所在的世界，也沒有我立身的地點，卻不能因此設想我不是③。恰恰相反，正是根據我想懷疑其他事物的眞實性這一點，可以十分明顯、十分確定地推出我是。另一方面，只要我停止了思想，儘管我想像過的其他一切事物都是眞的，我也沒有理由相信我是過。因此我認識了我是一個本體④，它的全部本質⑤或本性只是思想。它之所以是，並不需要地點，並不依賴任何物質性的東西。所以這個我，這個使我成其爲我的靈魂，是與形體完全不同的，甚至比形體容易認識，即使形體並不是，它還仍然是不折不扣的它。

接著我就作一般的考察，看看一個命題必須具備什麼條件才是眞實可靠的。因爲我既然已經發現了一個命題，知道它是可靠的，我想就應當知道它何以可靠。我發現，「我想，所以我是」這個命題之所以使我確信自己說的是眞理，無非是由於我十分清楚地見到：必須是，才能想。因此我認爲可以一般地規定：凡是我十分清楚、極其分明地理解的，都是眞的。不過，要確切指出哪些東西是我們清楚地理解的，我認爲多少有點困難。

下了這個結論之後，我接著考慮到，我既然在懷疑，我就不是十分完滿的，因爲我清清楚楚地見到，認識與懷疑相比是一種更大的完滿。因此我想研究一下：我既然想到一樣東西比我自己更完滿，那麼，我的這個思想是從哪裡來的呢？我覺得很明顯，應當來自某個實際上比我更完滿的自然。至於我心裡那些關於天、地、光、熱之類成千上萬個東西的思想，我不用費多大力氣就知道它們是從哪裡來的，因爲我既然看不出它們有什麼地方我覺得比我高明，就滿可以認爲：如果它們是眞的，那就是沾了我的本性的光，因爲我的本性是有幾分完滿的；如果它們不是眞的，那是由於我憑空捏造，也就是說，它們之在我心裡出現是由於我有毛病。可是，在我心裡想到一個比我自己更完滿的是者的時候，情形就不能是這樣了，因爲憑空捏造出這個觀念顯然是不可能的事情。要知道，說比較完滿的產生於比較不完滿的，說前者沾後者的光，其不通實在不下於說無中生有，所以我是不能憑自己捏造出這個觀念的。那就只能說：把這個觀念放到我心裡來的是一個實際上比我更完滿的東西，它本身具有我所能想到的一切完滿，也就是說，乾脆一句話：它就是神。我還要作一點補充：既然我知道自己缺乏某一些完滿，那我就不是單獨存在的是者（請原諒，我要在這裡放手使用幾個經院裡的名詞），必定要有另外一個更完滿的是者作爲我的靠山，作爲我所具有的一切的來源。因爲，如果我本是單獨的、不依靠任何別的東西的，因而憑自己具有了我從那個完滿的是者分沾到的那一小份，那麼，我能夠根據同樣理由憑自己具有我自知缺乏的其餘一切，成爲永恆無限、萬古不移、全知全能的是者⑥，具有我能夠在神身上看到的一切完滿了。因爲根據我以上的推理，要想發揮我的本性的全部能力去認識神的本性，就不用做什麼別的，只需要把我心裡所想到的東西統統拿來，看看具有它們是完滿呢，還是不完滿。我深信：凡是表明不完滿的，在神那裡都沒有，凡是表明完滿的，在神那裡都有。於是我看到，懷疑不定、反覆無常、憂愁苦悶之類事情，神那裡都不可能有，因爲連我自己都很樂意擺脫它們的。除此以外，我還有一些關於可以感覺到的、有形體的東西的觀念，因爲我儘管假定自己在做夢，看到的、想像到的都是假的，卻不能否認我的思想中確實有這些觀念。可是，由於我十分清楚地知道我這裡理智本性與形體本性是分立的，同時考慮到合成就是依賴的證據，而依賴顯然是一種缺點，我就因此斷定：由這兩種本性合成絕不是神那裡的一種完滿，所以神絕非如此；如果世界上有某些形體、某些理智或其他並非十分完滿的東西的話，它們之所以是就應當依靠神的力量，離開了神它們就片刻都維持不下去。

我很想馬上就來尋求其他的眞理。我拿幾何學家們的對象來研究，把它看成一個連續體，一個在長、寬、高三方面無限伸張的空間，可以分成不同的部分，這些部分可以有不同的形狀和大小，而且可以用各種方式挪動或移置，因爲幾何學家就是這樣設定的。我瀏覽了幾個最簡單的證明，注意到它們之所以被人們公認爲十分可靠，只是由於按照我們剛剛說過的那條規則，大家都明確地理解了它們。我也注意到，這些證明裡面並沒有什麼東西使我確信它們的對象是存在著的。因爲我很清楚地看出，只要設定一個三角形，它的三個角就必定等於兩直角，可是我並沒有因此看出什麼東西使我確信世界上有三角形。然而，我回頭再看我心裡的一個完滿的是者的觀念時，卻發現這個觀念裡已經包含了存在，就像三角形的觀念包含著它的三個角等於兩直角、球形的觀念包含著球面任何一點都與球心等距離一樣，甚至於還要更明確。由此可見，神這個極完滿的是者，是或者存在，這個命題至少同幾何學上任何一項證明同樣可靠。

可是有不少人認爲自己很難認識這條眞理，甚至很難認識自己的靈魂是什麼。這是因爲他們鼠目寸光，只看到可以感覺到的東西，養成一種習慣，完全用想像力考慮問題，而想像是一種用於物質性的東西的特殊思想方式，所以凡是不能想像的事情他們就覺得無法理解。這種傾向，在經院哲學家信奉的一條格言裡表現得相當明顯，他們說：理智⑦中的東西沒有一樣不曾在感官中。實際上，神的觀念和靈魂觀念在感官中是根本沒有的。我覺得，那些人要想用想像來理解這兩個觀念，實在無異於要用眼睛來聽聲音、聞氣味；只是還有這樣一點區別：視覺同嗅覺或聽覺一樣使我們相信它的對象是眞的，然而我們的想像、我們的感官如果沒有理智參與其事，並不能使我們相信任何東西。

最後可能還有些人聽了我說的這番話之後，對神和靈魂的存在仍然不很信服。我很願意告訴他們：有許多別的事情他們也許認爲十分確實，例如我有一個身體、天上有一些星星、有一個地球之類，其實全都不甚可靠；因爲儘管我們對這類事情有一種實際行動上的確信，誰要是敢於懷疑它們至少顯得很狂妄，可是問題一涉及形而上學上的確實可靠，情形就不一樣了：一個人如果注意到，我們睡著的時候也照樣可以想像到這類事情，例如夢見自己有另外一個身體、天上有另外一批星星、有另外一個地球之類，而實際上並不是這樣，那麼，只要他不是神經錯亂，就一定會承認我們有充分理由對那類事情不完全相信了。因爲夢中的思想常常是生動鮮明的，並不亞於醒時的思想，我們又怎麼知道前者是假的、後者不是假的呢？這個問題，高明的人可以盡量鑽研，愛怎麼研究就怎麼研究。我相信，如果不設定神的存在作爲前提，是沒有辦法說出充分理由來消除這個疑團的。因爲首先，就連我剛才當作規則提出的那個命題：「凡是我們十分清楚、極其分明地理解的都是眞的」，其所以確實可靠，也只是由於神是或存在，神是一個完滿的是者，我們心裡的一切都是從神那裡來的。由此可見，我們的觀念或看法，光從清楚分明這一點看，就是實在的、從神那裡來的東西，因此就只能是眞的。這樣看來，如果說我們常常有一些觀念包含著虛妄，那就只能是那些混亂模糊的觀念，因爲它們從不是者⑧分沾了這種成分；也就是說，那些觀念在我們心裡那樣模糊，只是由於我們並不是十分完滿的。因爲很明顯，說虛妄、不完滿本身來自神，其不通並不亞於說眞理、完滿來自不是者。可是，如果不知道自己心裡眞實的東西是來自一個完滿的、無限的是者，儘管我們的觀念清楚分明，我們還是沒有理由確信這些觀念具有眞實這一完滿品質的。

我們認識了神和靈魂、從而確定了那條規則之後，就很容易明白，我們睡著時想像出來的那些夢想，絕不能使我們懷疑自己醒時的思想不眞。因爲即使在睡著的時候也可以出現非常清楚的觀念，例如幾何學家就可以在夢中發現新的證明，人儘管在做夢，觀念並不因此就不是眞的；我們夢中最常犯的錯誤是用外部感官的那種方式表現各式各樣的對象，這也不壞，可以引起我們對感性觀念的眞實性發生懷疑，因爲這類觀念在我們醒時也常常欺騙我們，例如黃疸病人就覺得什麼都是黃的，距離很遠的星星或其他形體在我們眼裡就顯得比實際上小得多。總之，不管醒時睡時，我們都只能聽信自己理性提供的明證。請注意我說的是理性，並不是想像，也不是感官。例如，我們雖然十分清楚地看見太陽，卻不能因此斷定太陽就像我們看見的那麼大；我們可以非常分明地想像到獅子的腦袋接在羊的身子上，卻不能就此推出世界上眞有一個四不像⑨。因爲理性並沒有向我們發出指示，說我們這樣看到或想像到的就是眞相。可是它卻明白地指示我們：我們的一切觀念或看法都應當有點眞實的基礎，因爲神是十分完滿、十分眞實的，絕不可能把毫無眞實性的觀念放到我們心裡來。然而在睡著的時候，我們的想像雖然有時跟醒時一樣生動鮮明，甚至更加鮮明，我們的推理卻絕沒有醒時那麼明確，那麼完備，所以理性又指示我們：我們的思想不可能全都是眞實的，因爲我們並不是十分完滿的；眞實的思想一定要到醒時的思想裡去找，不能到夢裡去找。

譯注

① Je pense, donc je suis（拉丁譯文作 Ego cogito, ergo sum，一般簡稱為笛卡兒的 cogito），舊譯為：「我思故我在」。這樣譯，是把法文的 je suis 理解為「我存在」，再把現代漢語的「我存在」換成古

代漢語的「我在」。但是這個「在」字讀者一般瞭解為「在場」或「未死」的意思，而作者卻將 suis（sum）說成「是個東西」、「是個本體」。因此譯文所表達的意思不完全符合作者的原意。這種不符合是中西語言不同、因而思想不同造成的。西方語言（包括法語以至拉丁語、希臘語）的動詞「是」字一般用作繫詞，但本來是實質動詞，原意為「起作用」，再加上表語說明起什麼作用，於是成了繫詞。中國的上古漢語本來不用繫詞，以後發展出繫詞「是」，用法與西方的繫詞相當，但沒有實質動詞的意義。笛卡兒所說的「我是」，如果把「是」理解為繫詞，缺少表語，當然沒有意義，但他指的是「起作用」，即實質動詞的意義。

「是」的這個意義在西方哲學上很重要，從巴門尼德起，經過亞里士多德，都講 *τὸ ὄν* 這個範疇，笛卡兒講「我是」正是這個傳統的發展。但是在中世紀討論「神是」問題時，為了生動，將這個根本範疇加以具體化，描述成在時間空間中的「是」，即所謂「存在」（existentia）。笛卡兒也繼承了這個傳統，所以他也說「是或存在」。「存在」是「是」的一種，「是」是「存在」的根本，所以二者相通，但不相等；直到現代，主要的哲學範疇還是「是」，如黑格爾就是這樣，今天的存在主義者海德格和沙特還是這樣。因此笛卡兒的「是」不能改為「存在」。

但是現代漢語的「是」字沒有「起作用」的意思，需要加以規定，給它加上這個意義。請讀者將「我是」的「是」字讀重音，示別於可以讀輕音的繫詞「是」。

② **le corps**，指我的身體。

③ 即我不起作用，沒有我。

④ **la substance**，指為別的東西所依賴的根本，它有屬性，屬性不能沒有它。這個範疇創於亞里士多德，稱為 *οὐσία*，指「是」的根本。拉丁文譯為 **substantia**，原意為底子、撐子。我國舊譯為「實體」，應補上「根本」的意思。

⑤ l'essence，指一樣東西之所是。

⑥ l'être，指起作用者，這裡指神。

⑦ l'entendement（拉丁文作 intellectus），指理解力，即知性。

⑧ le néant（拉丁文作 nihil），指是者的反面。

⑨ 希臘神話中想像的怪獸，名叫 chimère，獅頭、羊身、龍尾、吐火。

第五部分

我從上面那些基本原理推出了整整一系列其他的眞理，很樂意在這裡從頭到尾說給大家聽聽。可是要這樣做現在就需要談許多問題，那些問題學者們還在爭論，我又不想跟他們糾纏，所以我想最好還是不那麼做，只是大致說一說那些眞理是怎麼一回事，讓高明的人看看有沒有必要給大家細講。我一直堅持自己已經下定的那個決心，除了剛才用來證明神和靈魂存在的那一條原理以外，絕不設定任何原理；任何一種看法，只要我覺得它清楚可靠的程度比不上幾何學家以往的證明，就絕不把它當作眞的接受。可是我敢大膽地說，我不僅找到竅門，在很短的時間內滿意地弄清了哲學上經常討論的一切主要難題，而且摸出了若干規律，它們是由神牢牢地樹立在自然界的，神又把它們的概念深深地印在我們的靈魂裡面。所以我們經過充分反省之後就會毫不猶疑地相信，世界上的萬事萬物無不嚴格遵守這些規律。我再進一步觀察，看到這些規律是聯成一氣的，因此我認爲自己已經發現了許多非常有用、非常重要的眞理，勝過我從前學過的一切，甚至超過我從前希望學到的一切。

我寫過一部論著①，試圖說明這些眞理的主要部分，由於某種顧慮②，沒有把它發表；大家不知道那部書講的是什麼內容，所以我只好在這裡給它作一個內容提要。那部書的論述對象是各種物質性的東西的本性。我在動手寫它之前，曾經打算把這一方面我認爲知道的東西統統寫進去。然而，畫家是不能在一個平面上把立體的各方面同等地表現出來的，只有從其中選擇一個主要方面正對著光線，把其他的方面都放在背陰處，使人們看正面的時候可以附帶看到側面。同樣情形，我的論述裡也無法包羅我的全部思想，所以我只用較大的篇幅表達我對光的理解，然後附帶講一講太陽和恆星，因爲光幾乎全部是從那裡發出來的；再講一講天宇，因爲它是傳導光的；再講一講行星、彗星和地球，因爲它們是反射光的；再專門講一講地球上的各種物體，因爲它們有的是有色的，有的是透明的，有的是發光的；最後講一講人，因爲他是這些東西的觀察者。爲了把這一切往背陰的那邊挪挪，以便比較自由地說出我自己的判斷，而不必對學者們所接受的看法表示贊成或反對，我甚至於決定拋開我們這個世界，也就是說，假定現在神在想像的空間裡某個地方創造出一團物質，足夠構成這個世界，再把這團物質的各部分亂七八糟地攪和在一起，混淆得跟詩人所能設想的一樣，然後不再做別的事情，只是向自然界提供通常的協助③，讓它遵照他所建立的規律活動，看看會發生什麼事情。於是我就首先描述這個物質，力求說明：除了剛才說過的神和靈魂的本性以外，世界上的任何東西，在我看來都沒有物質的本性那樣清楚，那樣容易瞭解。因爲我甚至明確地設定：物質裡並沒有經院學者們所爭論那些「形式」或「性質」④，其中的一切都是我們的靈魂本來就認識的，誰也不能假裝不知道。然後我就說明有哪些自然規律，我並不依靠任何別的原理，只是根據神的無限完滿進行推理，力求對那些可以置疑的規律作出證明，說明它們的確是自然規律，即便神創造了許多世界，也沒有一個世界不遵守它們。接著我又證明，這團混沌中的絕大部分物質必定按照這些規律，以一定的方式自行安排調整，形成與我們的天宇相似的東西，它的某些部分則構成一個地球、若干行星和彗星，另一些部分則構成一個太陽、若干恆星。在這個地方我進而討論光這個主題，用很大的篇幅說明光是什麼，以及它如何必定在太陽和恆星裡出現，又從那裡出發，在一瞬間穿過天宇中的廣大空間，並且從行星和彗星上向地球反射。我又作了許多補充，說明那些天宇和星球的質地、位置、運動和各種性質，我想，說了這些就足可以表明，我們這個世界上的天宇和星球也應當跟我所描述的那個世界上的一模一樣，至少可以一樣。往下我就特別講一講地球，具體地說明：雖然我已經明確設定神並沒有把重量放進構成地球的物質，地球上的各部分仍然絲毫不差地引向地心；地面上既然有水和空氣，那麼，天宇和星辰的構造，主要是月球的構造，就不能不在那裡引起潮汐，在各方面都跟我們在海裡見到的一樣，此外還引起一種洋流和氣流，從東到西，跟我們在熱帶地方見到的一樣；何以山脈、海洋、泉水、河流能在地球上自然形成，礦物能在那裡的礦山上產生，植物能在那裡的原野上長出，各式各樣的所謂混合物或組合物能在那裡造成。由於我發現除了星球之外，世界上只有火產生光，所以我撇開其他現象專門下工夫詳細說明那些與火有關的事情，指出火是怎麼產生的，怎麼維持的，何以有時候有熱無光，有時候有光無熱；它何以能夠在不同的物體上引出不同的顏色以及不同的其他性質；它何以把某些東西燒化，把另一些東西燒硬；它何以能燒掉幾乎所有的東西，把它們燒成灰和煙；以及它如何能單憑猛燒把那些灰燼燒成玻璃。這種從灰燼到玻璃的轉化，我覺得跟自然界發生的其他各種轉化一樣奇妙，所以我特別樂意描述它。

儘管這樣，我還不想就此得出結論說：這個世界就是照我說的那種方式創造出來的，因為也很可能神當初一下就把它弄成了定型。可是確確實實，神學家們也一致公認，神現在保持世界的行動就是他當初創造世界的那個行動。既然如此，即便神當初給予世界的形式只是混沌一團，只要神建立了自然規律，向世界提供協助，使它照常活動，我們還是滿可以相信：單憑這一點，各種純粹物質性的東西是能夠逐漸變成我們現在看到的這個樣子的，這跟創世奇蹟並不衝突；而且，把它們看成以這種方式逐漸形成，要比看成一次定型更容易掌握它們的本性。

描述了無生命的物體和植物之後，我就進而描述動物，特別是人⑤。可是我這方面的知識不夠，不能用上面那種格式來講，也就是說，不能用原因來證明結果，說不出自然界是用什麼種子、以什麼方式產生出這類東西的。所以我姑且假定神造了一個人的身體⑥，不論在肢體的外形上，還是在器官的內部構造上，都跟我們每個人的完全一樣，採用的材料就是我所描述的那種物質，一開頭並沒有放進一個理性靈魂，也沒有放進什麼別的東西代替生長靈魂或感覺靈魂⑦，只不過在他的心臟裡點了一把上面說過的那種無光之火；這種火的本性，我想同那些使溫草堆發熱、使葡萄釀成新酒的火是一樣的。因爲點著那把火之後那個身體裡就可以產生各種機能。我仔細檢查，發現只要我們不思想，因而不觸動靈魂這個與形體分立的部分（上面已經說過，靈魂的本性只是思想），我們身上所能產生的也就恰恰是那些機能，這一方面可以說無理性的動物跟我們是一樣的，可是我卻不能因此在那個身體裡找到什麼依靠思想的、純粹屬於我們的機能；後來我假定神創造了一個理性靈魂，用我描述的那種特定的方式把它結合到那個身體上，我就在其中發現這類機能了。

爲了使大家明白我在那部書裡是怎樣討論這個問題的，我要在這裡說明一下心臟和動脈的運動，因爲這是動物身上可以觀察到的最基本、最一般的運動，知道了它就很容易知道對其他各種運動應當怎樣看。爲了使大家比較容易瞭解我的說明，我要請不熟悉解剖的人費點力氣，在讀我的說明之前先切開一個有肺大動物的心臟放在面前（因爲它的各部分都很像人的心臟），看看其中的兩個心合或心臟⑧：先看右邊的一個，有兩根粗管子連在上面，一根是腔靜脈⑨，這是主要的貯血器，好像樹幹，體內其他靜脈都是它的分支；另一根是動靜脈⑩，這個名字取得不好，因爲它實際上是一根動脈，以心臟爲出發點，然後形成許多分支，布滿兩肺。再看左邊一個心腔，也同樣有兩根管子連著，跟上面說的兩根同樣粗，或者更粗，一根是靜動脈⑪，這個名字也取得不好，因爲它只是一根靜脈，來自兩肺，在肺裡有許多分支，跟動靜脈的分支交織在一起，又跟氣管的分支交織在一起，空氣是通過氣管吸進來的；另外一根管子是大動脈，從心臟通出去，把分支通到全身各處。我還要請大家看一看十一片小皮膜，好像十一座小門，管著這兩個心臟上四個口子的啓閉：三片在腔靜脈的入口，裝配得完全不妨礙其中的血液流入右腔，卻正好使血液不能從心臟往外流；三片在動靜脈的入口，裝配得正好相反，只容許右腔裡的血液流到肺裡，不容許肺裡的血液往回流；另外兩片在靜動脈的入口，許可血液從肺裡往左腔流，不許它往回倒；還有三片在大動脈的入口，容許血液從心臟流出，不許它往心臟回流。這些皮膜的數目也很自然，用不著再找什麼別的理由來解釋，因爲靜動脈位置特殊，口子是橢圓的，兩片就能閉攏。另外三個口子是圓的，要有三片才能閉攏。此外我還要請大家注意，大動脈和動靜脈的組織要比靜動脈和腔靜脈堅硬得多、結實得多，靜動脈和腔靜脈進入心臟前擴大成兩個囊形，稱爲心耳，是跟心臟一樣的肌肉構成的；心臟裡的溫度總是高於身體的任何部分；這種溫度可以使流入心臟的血滴立刻膨脹擴張，就像我們把各種液體滴入高溫容器時通常見到的那樣。

注意到這幾點之後，我就用不著說出什麼別的理由來解釋心臟的運動了。要知道，那兩個心腔沒有充滿血液的時候，血液必然要從腔靜脈流入右腔，從靜動脈流入左腔，因爲這兩條血管是經常充滿血液的，這時它們朝心臟開的口子又閉不住；可是一流進兩滴血，一個心腔一滴，由於進口開得很大，後面的血管又充滿血液，血滴必然很大，遇到高溫就立刻變稀膨脹，這樣一來，就把整個心臟撐大，把那兩條血管入口上的五扇小門推得閉攏，堵死了來路，心臟裡的血液就不再增多；這兩滴血繼續稀化，越變越稀，就把另外兩條血管口上的六扇小門推開，打通了去路，這樣一來，就幾乎在撐大心臟的同時把動靜脈和大動脈的一切分支全都撐大了；然後心臟就立刻收縮，這兩條動脈也跟著收縮，因爲流進來的血液在那裡冷卻了，於是那裡的六扇小門重新閉攏，腔靜脈和靜動脈上的五扇小門重新打開，放進另外兩滴血，這兩滴血又把心臟和動脈撐大。跟前兩滴完全一樣；由於流入心臟的血液先經過那兩個稱爲心耳的囊，所以心耳的運動是與心臟的運動正好相反的，心臟舒張的時候心耳就收縮。由於有一些人不明白數學證明的力量，不善於判別眞正的推理和似是而非的推理，很可能不作調查研究就貿然否定以上的說法，我願意提醒他們：我剛才說明的心臟運動，是由那種可以用眼睛在心臟裡看到的器官結構必然引起的，是由那種可以用手指在心臟裡摸到的溫度必然引起的，是由那種可以憑經驗認識到的血液本性必然引起的，正如時鐘的運動是由鐘擺和齒輪的力量、位置、形狀必然引起的一樣。

如果有人問：靜脈裡的血液既然繼續不斷地流入心臟，怎麼不會流乾？既然血液通過心臟都流進了動脈，動脈怎麼不會灌滿？我對這個問題的答覆，無非就是一位英國醫生⑫已經寫過的那些。他應當受到表揚，因爲他在這方面打破了悶葫蘆，第一個告訴我們：在動脈的末梢上有許多細微的通道，經過這些通道，從心臟流來的血液就進入靜脈的毛細分支，再重新流向心臟，它的行程只是一個永遠不停的循環。所以說，他用外科醫生的通常經驗作了非常充分的證明：外科醫生切開臂部靜脈放血的時候，如果在切口上方把手臂不鬆不緊地捆住，血液就出得比不捆多；如果捆在切口下方靠手一邊，或者在上方捆得太緊，情況就完全相反。因爲很明顯，在上方不緊不鬆地捆住可以阻止手臂裡已有的血液通過靜脈回到心臟，並不妨礙血液通過動脈不斷地從心臟回到手臂，這是因爲動脈的位置在靜脈底下，管壁又比較硬，不容易壓扁，從心臟向手臂流的動脈血力量又大於從手臂流回心臟的靜脈血；這血既然通過一根靜脈上的切口從手臂裡往外流，那就必定有一些通道位於捆紮處的下方，也就是說，靠近手臂的末端，血液可以從動脈通過那些通道來到切口。他還對他的血液流程學說作了一個非常充分的說明，根據是：有好些細小的皮膜沿著靜脈裝配在不同的地點，使靜脈中的血液不能從身體的中樞往末端流，只能從末端流回心臟；此外還有一個實驗表明，身體裡的全部血液，只要切開一根動脈，就會在很短的時間內流光，雖然這根動脈是在離心臟很近處緊緊結紮住的，切口在心臟與結紮點之間，使我們不至於想像到流出的血液是從別處來的。

可是還有許多別的情況證明，血液運動的眞正原因是我所說的那一種。首先，我們看到靜脈血與動脈血有差別，這只能是由於血液經過心臟變稀了，可以說汽化了，它剛流出心臟不久、處在動脈裡的時候，與它進入心臟以前不久、處在靜脈裡的時候相比，要更精細、更活躍、更熱；而且，如果仔細觀察，還可以發現這種差別只是在靠近心臟的地方表現得很顯著，在離開心臟很遠的地方就不那麼顯著了。其次，動靜脈和大動脈的管壁很硬，這就充分表明，血液對這兩條血管的衝擊要比對靜脈的衝擊更有力；心臟左腔和大動脈之所以比右腔和靜動脈寬大，只是由於靜動脈裡的血液通過心臟後僅僅在肺裡待過，要比剛從腔靜脈裡的血液更精細，稀化得更厲害、更迅速。醫生之所以能夠切脈診斷，只是由於他知道，血液的性質改變了，心臟溫度使血液稀化的強度和速度發生變化。如果我們研究心臟的溫度是怎樣傳到其他肢體上去的，那就必須承認這是憑藉血液，血液經過心臟變熱，再從那裡帶著溫度流到全身；因此，如果把身體上某個部分的血弄掉，那個部分也就變涼了；心臟儘管燙得像一塊燒紅的鐵，如果不把新的血液不斷輸送到手腳上去，還是不足以使手腳變熱的。我們又由此認識到，呼吸的眞正用途就在於往肺裡運送足夠的新鮮空氣，血液在心臟裡已經稀化成爲蒸汽，從右腔進入兩肺，遇到空氣就濃縮起來，重新變成血液，然後回到左腔，這樣才能給那裡的火當燃料⑬。這是很可靠的，因爲我們看到，沒有肺的動物心臟就只有一個腔；胎兒在母腹中不能用肺，腔靜脈的血液就通過一個口子流入左心臟，又從動靜脈通過一根管子流入大動脈，並不經過肺。此外，消化之所以能在胃裡進行，只是由於心臟通過動脈把溫度輸送到胃裡，同時還送去一些流動性較大的血液分子，幫助分解吃進的肉食。如果考慮到血液反覆經過心臟化爲蒸汽每天大約不下一兩百次，那就很容易瞭解那種使肉食漿汁轉化爲血液的作用了。我們也不用舉出什麼別的情況來說明營養是怎麼一回事，各種不同的體液是怎樣產生的，只需要說：血液稀化時帶著一股力量，從心臟向動脈的末梢推進，在達到各個器官的時候，血液中的某些分子就在那裡停留下來，把器官中的一些分子趕跑，取而代之；由於遇到的孔隙位置不同、形狀不同、大小不同，所以有一些血液分子鑽得進，有一些鑽不進去，就像一些型號不同的篩子，打著各式各樣的孔眼，可以把不同種類的穀粒分開一樣。最後是這一切中間最值得注意的一種現象，即元氣⑭的產生：元氣好像一股非常精細的風，更像一團非常純淨、非常活躍的火，不斷地、大量地從心臟向大腦上升，從大腦通過神經鑽進肌肉，使一切肢體運動；這就用不著再設想什麼別的原因來說明，爲什麼那些最靈活、最敏銳的血液分子最適宜於構成元氣，只往大腦裡鑽，不往別處去，這只是因爲從心臟輸送它們到大腦去的動脈是最直的，只是因爲按照機械學的規律（自然界的規律也是一樣），如果有好多東西同時往一處擠，那裡又沒有足夠的地方把它們都容下（那些血液分子從左心腔往大腦擠的情況就是這樣），有力的就必定把軟弱的、不靈活的擠到一邊，獨佔鰲頭。

我在曾經打算發表的那部論著裡對這一切作了相當詳細的說明。接著我又在那部書裡指出：人身上的神經和肌肉一定要構造成什麼樣子，其中的元氣才能夠使肢體運動，就像我們見到的那樣，腦袋砍下之後不久，儘管已經不是活的，還在動來動去，亂啃地皮；大腦裡一定要發生什麼樣的變化，才能使人清醒、睡眠和做夢；光亮、聲音、香氣、滋味、溫度以及屬於外界對象的性質，怎樣能夠通過感官在大腦裡印上各種不同的觀念；飢渴等等內心感受又怎樣能夠把它們的觀念送進大腦；通覺⑮怎樣接納這些觀念，記憶怎樣保存這些觀念，幻想怎樣能夠把這些觀念改頭換面、張冠李戴拼湊成新的觀念，並且用這樣的辦法把元氣布置在肌肉裡，使這個身體上的肢體做出各式各樣的動作，既有關於感官對象方面的，也有關於內心感受方面的，就像我們的肢體那樣，沒有意志指揮也能動作。在我們看來這是一點都不奇怪的，我們知道人的技巧可以做出各式各樣的自動機，即自己動作的機器，用的只是幾個零件，與動物身上的大量骨骼、肌肉、神經、動脈、靜脈等等相比，實在很少很少，所以我們把這個身體看成一臺神造的機器⑯，安排得十分巧妙，做出的動作十分驚人，人所能發明的任何機器都不能與它相比。

講到了這裡，我又特意停下來指出：如果有那麼一些機器，其部件的外形跟猴子或某種無理性動物一模一樣，我們是根本無法知道它們的本性與這些動物有什麼不同的；可是如果有一些機器跟我們的身體一模一樣，並且盡可能不走樣地模仿著我們的動作，我們還是有兩條非常可靠的標準，可以用來判明它們並不因此就是眞正的人。第一條是：它們絕不能像我們這樣使用語言，或者使用其他由語言構成的訊號，向別人表達自己的思想。因爲我們完全可以設想一臺機器，構造得能夠吐出幾個字來，甚至能夠吐出某些字來回答我們扳動它的某些部件的身體動作，例如在某處一按它就說出我們要它說的要求，在另一處一按它就喊痛之類，可是它絕不能把這些字排成別的樣式適當地回答人家向它說的意思，而這是最愚蠢的人都能辦到的。第二條是：那些機器雖然可以做許多事情，做得跟我們每個人一樣好，甚至更好，卻絕不能做別的事情。從這一點可以看出，它們的活動所依靠的並不是認識，而只是它們的部件結構；因爲理性是萬能的工具，可以用於一切場合，那些部件則不然，一種特殊結構只能做一種特殊動作。由此可見，一臺機器實際上絕不可能有那麼多的部件使它在生活上的各種場合全都應付裕如，跟我們依靠理性行事一樣。

而且，依靠這兩條標準我們還可以認識人跟禽獸的區別。因爲我們不能不密切注意到：人不管多麼魯鈍、多麼愚笨，連白癡也不例外，總能把不同的字眼排在一起編成一些話，用來向別人表達自己的思想；可是其他的動物相反，不管多麼完滿，多麼得天獨厚，全都不能這樣做。這並不是由於牠們缺少器官，因爲我們知道，八哥和鸚鵡都能像我們這樣吐字，卻不能像我們這樣說話，也就是說，不能證明牠們說的是心裡的意思；可是先天聾啞的人則不然，他們缺少跟別人說話的器官，在這一點上跟禽獸一樣，甚至不如禽獸，卻總是自己創造出一些手勢，把心裡的意思傳達給那些跟他們常在一起並且有空學習他們這種語言的人。這就證明禽獸並非只是理性不如人，而是根本沒有理性，因爲學會說話是用不著多少理性的；我們雖然看到那些同種的動物也跟人一樣彼此能力不齊，有比較容易訓練的，有比較笨的，可是最完滿的猴子或鸚鵡在學話方面卻比不上最笨的小孩，連精神失常的小孩都比不上；如果不是動物的靈魂在本性上跟我們完全不同，這是無法想像的。我們絕不能把語言與表現感情的自然動作混爲一談，那些動作動物是可以模仿的，機器也同樣可以模仿；我們也不能像某些古人那樣，認爲禽獸也有語言，只是我們聽不懂。因爲如果眞是這樣，禽獸既然有許多器官跟我們相似，牠們就能夠向我們表達思想，如同向牠們的同類表達一樣了。還有一件事非常值得注意，這就是：雖然有許多動物在牠們的某些活動上表現得比我們靈巧，可是我們看到，儘管如此，這些動物在許多別的事情上卻並不靈巧：牠們做得比我們好並不證明牠們有心思；因爲牠們假如有就會比我們任何人都強，就會在一切其他事情上做得都好；可是牠們並沒有心思，是牠們身上器官裝配的本性起的作用。正如我們看到一架時鐘由齒輪和發條組成，就能指示鐘點、衡量時間，做得比我們這些非常審愼的人還要準確。

這以後我還描述了理性靈魂，表明它絕不能來自物質的力量，跟我所說的其他事情一樣，正好相反，它顯然應當是神創造出來的；我們不能光說它住在人的身體裡面，就像舵手住在船上似的，否則就不能使身體上的肢體運動，那是不夠的，它必須更加緊密地與身體聯成一氣，才能在運動以外還有同我們一樣的感情和慾望，這才構成一個眞正的人。然後，我在這裡對靈魂問題稍微多談幾句，因爲這是最重要的一個問題。要知道，無神論的錯誤我在上面大概已經駁斥得差不多了，可是此外還有一種錯誤，最能使不堅定的人離開道德正路，就是以爲禽獸的靈魂跟我們的靈魂本性相同，因而以爲我們跟蒼蠅、螞蟻一樣，對身後的事情沒有什麼可畏懼的，也沒有什麼可希望的。反過來，知道我們的靈魂跟禽獸的靈魂大不相同，也就更加明白地瞭解，爲什麼我們的靈魂具有一種完全不依賴身體的本性，因而絕不會與身體同死。然後，既然看不到什麼別的原因使它毀滅，我們也就很自然地由此得出結論，斷定它是不會死的了。

譯注

①書名《論世界，或論光》，作者生前沒有發表，一六六四年才由 Clerselier 編輯出版，現在編入 Paul 和 Tannery 編的《笛卡兒集》第十一卷中。這部書的主要論點是發揮哥白尼的地球運動說。

②當時的羅馬教會鎮壓主張地球運動的人，一六〇〇年燒死了布魯諾，一六三三年又將伽利略逮捕。作者害怕自己因發表這一學說而遭迫害。

③經院哲學認為神創造了世界之後就給予它兩種協助，一種是「通常的協助」，即讓自然界遵照神所創立的規律活動，以維持世界不返回創世前的烏有狀態，保持不滅；另一種是「非常的協助」，即

以奇蹟代替自然規律，干預自然進程。笛卡兒在這裡借用經院哲學的說法為自己的學說服務。

④經院哲學用所謂「本體的形式」、「實在的性質」來說明形體的活動，笛卡兒以為無此必要，用物質的伸張和運動就能說明。

⑤指作者所寫的《論人以及胚胎的形成》。

⑥即作為人的身體的形體。

⑦把靈魂分為理性靈魂和生長靈魂（即感覺靈魂）是亞里士多德的分法，也為經院哲學所採納，笛卡兒在這裡採用了經院中的名詞。

⑧舊解剖學名詞，指今天所謂心房和心室合在一起。

⑨即大靜脈。

⑩**vena arteriosa**，今名 **arteria pulmonalis**（肺靜脈）。

⑪**arteria venosa**，今名 **vena pulmonalis**（肺動脈）。

⑫指威廉．哈維（William Harvey, 1578–1657），他根據實驗發現人並不只是革囊盛血，而是血液通過心臟不斷循環的。

⑬笛卡兒的時代還不知道燃燒是由於氧化，要等到以後的拉瓦錫（Lavoisier, 1743–1794）才發現。

⑭**Les esprits animaux**，直譯可作「生命的精髓」，是經院哲學的一種虛構。笛卡兒借用這個名詞表示一種血液的精華，是物質性的，但這個設想也從未得到證實。這個名詞我國舊譯為「動物精神」，是誤以為 **esprit** 指精神，其實這個字的拉丁文原形 **spiritus** 是指物質性的風或酒精之類。

⑮**sens commun**（拉丁文作 **sensus communis**），經院哲學用語，指一種感性的綜合官能，或感性意識。不可誤解為「常識」。

⑯可以參考同代人拉美特利（1709–1751）在《人是機器》中說法。

第六部分

三年前我寫完了那部包含這些內容的論著，剛剛著手修改、準備付印的時候，聽說有一些權威人士對某某人新近發表的一種物理學見解①進行了譴責。那些人士是我非常重視的，他們的權威對我的行爲有很大影響，正如我自己的理性對我的思想起支配作用一樣。至於那種見解，雖說我自己不一定主張它，可是確確實實，在他們提出譴責之前，我並沒有在其中看出什麼問題，認爲危害宗教、危害國家。因此，如果理性認爲可以接受，我是不會拒絕把它寫在書裡的。這件事使我感到惶恐，因爲在我的見解當中也同樣可以找出某一點是我弄錯了的，雖然我一貫小心謹慎。任何新的看法，只要我沒有得到非常可靠的證明，總是不予置信；任何意見，只要有可能對人家不利，總是不肯下筆。這已經足以使我改變原來的決定，不再發表我的那些見解。因爲我以前決定發表時所持的理由雖然非常有力，我的性格卻總是使我厭惡以著書爲業，它使我找到不少別的理由來爲自己改變主意辯解。這些理由無論從哪方面看都很值得注意，所以不但我有興趣在這裡說一說，大概讀者也會有興趣聽一聽。

我對於自己心靈的產物素來不很重視；多年以來，我使用我的那種方法並沒有得到什麼別的收穫，只不過滿意地解決了一些思辨之學方面的難題，再就是努力按照那種方法教給我的道理好好做人，一直沒有想到自己有著書立說的必要。因爲我感到，在爲人處世方面人人都有非常強烈的主見，如果容許每一個人都像奉天承運、治理萬民的君主那樣，都像得天獨厚、滿腔熱忱的先知那樣，從事移風易俗的工作，那就會人人動手，個個爭先，都成爲社會改革家了；我的想法固然令我自己十分滿意，我相信別人也有想法，他們的想法大概更能使他們滿意。可是，等到我在物理方面獲得了一些普遍的看法、並且試用於各種難題的時候，我立刻看出這些看法用途很廣，跟流行的原理大不相同。因此我認爲，如果祕而不宣，那就嚴重地違犯了社會公律，不是貢獻自己的一切爲人人謀福利了；因爲這些看法使我見到，我們有可能取得一些對人生非常有益的知識，我們可以撇開經院中講授的那種思辨哲學，憑著這些看法發現一種實踐哲學，把火、水、空氣、星辰、天宇以及周圍一切物體的力量和作用認識得一清二楚，就像熟知什麼匠人做什麼活一樣，然後就可以因勢利導，充分利用這些力量，成爲支配自然界的主人翁了。我們可以指望的，不僅是數不清的技術，使我們毫不費力地享受地球上的各種礦產、各種便利，最主要的是保護健康。健康當然是人生最重要的一種幸福，也是其他一切幸福的基礎，因爲人的精神在很大程度上是取決於身體器官的氣質和狀況的。如果可以找到一種辦法使每一個人都比現在更聰明、更能幹，我認爲應當到醫學裡去找。在現今的醫學當中有顯著療效的成分確實很少，可是我毫無輕視醫學的意思。我深信：任何一個人，包括醫務人員在內，都不會不承認，醫學上已經知道的東西，與尚待研究的東西相比，可以說幾乎等於零。如果我們充分認識了各種疾病的原因，充分認識了自然界向我們提供的一切藥物，我們是可以免除無數種身體疾病和精神疾病，甚至可以免除衰老，延年益壽的。我自己已經打定主意要把畢生精力用來尋求一門非常必要的學問，並且已經摸到了一條途徑，覺得非常可靠，只要照著走，必定可以萬無一失地把它找到；只是受到兩方面的阻礙，一是生命短促，二是經驗不足。所以我認爲，要排除這兩重障礙，最好的辦法就是把自己所發現的一點東西毫無保留地、原原本本地告訴大家，請求有志之士繼續努力，更進一步，按照各人的傾向和努力從事必要的實驗，把自己獲得的經驗再告訴大家，代代相傳，使後人能夠接過前人的火炬前進，把多數人的生命和成績匯合在一起，這樣，我們群策群力，就可以大有作爲，遠非個人獨做所能比。

關於經驗，我還注意到一件事，就是認識越進步越需要經驗。我們剛開始研究的時候，寧可採用那些舉目可見、盡人皆知的經驗；但要略加思考，不必好高鶩遠，追求罕見的冷僻經驗。這樣做是因爲我們還不認識最通常的原因，遇見罕見的經驗每每會上當，而且那種經驗所依靠的條件幾乎總是很特殊、很瑣屑的，很不容易看出來。我在這方面採取了以下的步驟：首先，我一般地考察世界上所有的一切，以及能夠有的一切，設法找出它們的本原或根本原因，爲了這個目的，我不考慮別的，只考慮它們是神一手創造出來的，不從別處尋找，只發掘我們靈魂深處固有的眞理萌芽，從其中抽繹出這些原因。跟著我就細看，根據這些原因可以推出哪些第一步的、最通常的結果；我覺得這樣做已經發現了天宇、星辰、地球，甚至於發現了地球上的水、空氣、火、礦物之類，這都是最普通、最簡單的東西，因此也最容易認識。然後我就想再往下推，推出更特殊的東西，這時候我面前出現了很多形形色色的事物，使我感到在地球上現存的物種以外還有數不清的其他物種，如果神的意志要把它們放在地球上供我們使用的話，也可能在地球上存在過，單憑人的思想實在分不清哪是現存的，哪是可能存在過的，所以只有通過結果往上追溯原因，只有進行許多特殊的實驗。這以後，我又用我的心靈進行複查，我敢大膽地說，凡是曾經在我的感官面前出現的事物，我發現沒有一樣不能用我找出的那些本原相當方便地加以說明。可是我也必須承認，自然界的勢力是非常之大、非常之廣的，那些本原是非常簡單、非常一般的。因此我發現，幾乎任何一個特殊結果，開頭我都覺得可以用許多不同的方式從那些原因推出來，我通常遇到的最大困難就是不能決定它究竟依靠其中的哪一種方式；爲了解除這個困難，我認爲沒有別的好辦法，只有安排一套實驗，根據實驗結果不同來決定該用哪一種方式來解釋。到了這一步，我覺得我已經很清楚地看到，我們應當從什麼角度進行大部分實驗，才能達到這個目的。可是我也同樣看到，這些實驗非常繁重，數量非常龐大，我只有兩隻手，只有那麼一點收入，縱然再多十倍，也無法把它們做完。因此，我在認識自然方面能有多大進展，就看我今後能有條件做多少實驗。我寫那部論著就是打算使大家瞭解這一點，並且明白指出這樣做可以給大家帶來很大好處，所以我要求一切有志爲人群謀福利的人，也就是那些並非沽名釣譽、亦非徒託虛名的眞君子，把他們已經做出的實驗告訴我，並且幫助我研究如何進行新的實驗。

可是從那時起又有另外一些理由使我改變了看法，覺得我應當實實在在地繼續寫下去。凡是我認爲有幾分重要的東西，只要我發現了它的實況，就把它原原本本地寫出來，而且要仔仔細細地寫，就像準備付印一樣。這樣做可以盡量反覆推敲，因爲準備給大家看的東西寫得總是比較過細，只給自己看的東西就馬虎多了（常常有些東西我開始想的時候覺得很對，打算往紙上寫的時候就覺得不對了）。同時也可以盡量爲讀者想想，寫得明明白白。這樣，如果我寫的東西還有點價值的話，等我死後，得到它的人利用起來就比較方便了。可是我絕不能同意在我活著的時候出版，免得引起種種反駁、種種爭辯，招來無可奈何的毀譽，惹是生非，浪費我準備用於自學的寶貴時間。因爲固然人人都應當盡力爲他人謀福利，獨善其身是毫無價值的；可是我們也不能目光短淺、只顧眼前，如果高瞻遠矚，放棄一些可能有益於今人的事情，去從事一些給子孫萬代帶來更大利益的工作，那也是很好的。其實我很願意告訴大家，我忙到現在，只認識到很少一點東西，不知道的東西還很多很多。可是我並不洩氣，認爲很有希望，完全可以認識那些東西。因爲在各門學問裡逐漸發現眞理很像開始發財，不用費多大氣力就可以大有收獲，不像過去窮的時候那樣費好大勁也撈不到幾文。我們也可以把尋求眞理比作領兵打仗，實力通常總是隨著勝利而雄厚的，吃了敗仗要煞費苦心才能保住不垮，打了勝仗之後卻不用費多大氣力就能佔領許多城池和大片地盤。我們努力克服妨礙我們認識眞理的種種困難和錯誤，確實跟作戰一樣，在一個有點普遍性、有點重要性的問題上接受了錯誤的看法就是打敗了仗，要恢復原有陣地就必須大費心機；可是在有了可靠的本原的時候不怎麼費事就可以取得很大的進展。至於我，如果我過去在各門學問裡發現了一些眞理的話（我希望本書的內容可以表明我發現了一些），我可以說，這只是由於我克服了五六個主要困難的結果，也可以說是打了五六次勝仗。我還可以大膽地說，我認爲只要再打兩三次這樣的勝仗，我的計劃就可以全部實現；我現在年齡還不算很大，按照常理我還有足夠的時間，完全可以達到這個目的。可是我覺得，越是希望好好利用今後的時間，就越應當精打細算，好好安排；如果發表我的物理學原理，那一定會惹出許多事情，耽誤我的時間。因爲儘管這些原理幾乎每一條都十分明確，只要懂了就不能不相信，而且我認爲沒有一條不能加以證明，可是別人的意見是五花八門的，我這些原理不可能符合每個人的看法，所以我預料到一定會引起種種反駁，經常使我分心。

當然可以說，這種反駁還是有好處的，它可以使我知道自己的缺點；如果我有優點，通過反駁也可以使別人更深刻地理解它，況且群眾可以比個人看得更廣，他們從現在開始反駁，也就用他們自己的發明幫助了我。可是，儘管我承認自己是極容易弄錯的，對自己心裡最先出現的想法是幾乎從來不相信的，我對別人的反駁還是有經驗，這種經驗告訴我，絕不能指望從其中得到任何好處。因爲我曾經多次受到批評，來源是各方面的，既有我認爲是朋友的，也有某些我覺得對我不好不壞的人，甚至於還有某些人我明知是懷有惡意和忌妒的。我的朋友由於偏袒沒能看出的問題，他們都不遺餘力地加以揭露；可是他們向我提出的反駁卻幾乎沒有什麼東西出乎我的意料，即或有，也只是些離題很遠的細微末節。所以說，我遇到的那些批評家在我看來幾乎從來沒有一個比我自己更嚴格、更公正。而且我也從來沒有從通過經院中進行的那種爭辯裡，發現過什麼前所未知的眞理；因爲爭辯的時候人人都想取勝，盡量利用貌似眞實的理由吹噓，很少權衡雙方的道理，那些長期充當律師的人並不因此後來就是更好的法官。

傳播我的思想也不會給別人帶來很大的好處，因爲我還沒有把這些思想貫徹到底，還需要添加很多東西，然後才能用於實際。我覺得可以老老實實地說，如果有人能夠把它貫徹到底的話，那就應該是我自己，而不是別人；這並不是說世界上只有我聰明，比我聰明萬倍的人多得很，可是要想透徹理解、全面精通一樣東西，跟別人學還不如自己發明。這是千眞萬確的，因爲我曾經向一些非常聰明的人反覆說明我的某些思想，他們聽我講的時候彷彿瞭解得很清楚，可是一複述就竄改得面目全非，令我再也不能承認這就是我的思想。我願意趁這個機會請求後人注意，凡是未經我親自發表的東西，千萬不要聽信道聽途說，以爲是我說出來的。有許多荒誕不經的說法被加到沒有著作傳下來的古代哲學家頭上，我覺得是毫不足怪的。我並不因此就認爲他們的思想很不合理，因爲他們是當時最智慧的人，只不過被傳統弄走了樣而已。大家都知道，他們的門徒就幾乎沒有一個超過他們的；我敢說，現在的那批熱烈追隨亞里士多德的人②如果得到跟亞里士多德一樣多的自然知識，就會覺得自己很幸運了，反正他們是絕不會得到更多的知識的。這種人好比藤蘿一樣，藤蘿是絕不能爬得比自己依附的樹更高的，而且常常在爬到樹頂之後又往下爬，因爲我覺得他們也是在走下坡路，就是說，他們如果不再鑽研，學問也就江河日下，不如另外一批人。讀完經典裡明白說出的東西還不滿足，又想出許多難題，要在字裡行間搜索，找出祖師爺沒有說的、甚至根本沒有想到的解答。他們那種研究哲學的方式非常適合才智十分平庸的人，因爲他們使用的範疇和原理含含糊糊，使他們能夠放言高論，無所不談，就像眞的知道似的，並且能夠爲他們的全部說法辯護，對抗各種最巧妙、最靈活的說法，弄得人家無可奈何。他們這樣做，我覺得好像一個瞎子，爲了跟看得見的人打架不吃虧，就把人家拉到很黑很黑的地窖底下去。可以說，我不肯發表我所用的那些哲學原理，對這種人是很有利的，因爲那些原理非常簡單，非常明確，我一發表就等於打開窗子，把陽光放進他們跑下去打架的那個地窖。就連那些最聰明的人也大可不必急於知道那些原理，因爲如果他們要想知道怎樣放言高論，無所不談，贏得博學的名聲，那很容易達到目的，只要守住貌似眞實的道理就行了，這是在哪種對象裡都找得到的，不用多費氣力，不像尋求眞理那樣難。眞理是只能在某些對象裡一點一點發現的，如果要談的是別的對象，那就要求我們坦白承認自己不知道。如果他們並不想裝出無所不知的樣子唬人，眞想知道那麼一點眞理（那點眞理當然是值得知道的），眞想照著我那樣的計劃去做，那很好辦，看看這篇談話裡說過的那些就行了，並不需要我再多說些什麼。因爲，如果他們能力很強，可以取得的成就比我大，那就更不用說，我認爲已經發現的東西他們自己也一定可以發現。既然我的研究工作一貫循序漸進，尚待發現的東西自然比已經找到的東西更困難、更深奧，他們自己去發現它一定比跟我學更痛快；除此以外他們還可以養成一種習慣，先從簡單的東西開始，然後一步一步進而探索比較困難的問題，這比我的全部教導對他們更有用。拿我自己來說，我相信，如果在幼年的時候人家就把我多年來沒法加以證明的那些眞理全部教給了我，學得一點都不費力，大概我是絕不會知道什麼別的眞理的，最低限度在尋求新的眞理的時候絕不會總是那樣熟練、那樣得心應手的。總之，如果世界上有那麼一種工作，由原班人馬一直做到底不另換人可以完成得更好，那就是我所做的這一種。

可是，爲了完成這種工作，需要進行一些實驗，那些實驗憑一個人的力量確實無法做完。一個人能夠有效地使喚的只是自己的一雙手，此外就只有找一些匠人或願意受雇的人，利用他們希望得錢的心理，拿出這種最有效的辦法，讓他們嚴格按照規定完成任務。也可能有一些人出於好奇，或者想學點東西，自願給他出力幫忙，可是這類人通常總是說的多、做的少，只是提出一些根本辦不到的建議，其目的當然是以此爲由，要他給自己講解幾個難題，至少也要恭維自己幾句，應酬一番，作爲報答；做這類事情就不能不耗費若干有用的時間。至於別人已經做出的實驗，把它看成祕密的人是絕不會公開的，即便有人願意告訴他一些，也多半內容駁雜，含有大量無用的枝節、多餘的成分，很不容易辨認出眞理來。而且他還會發現，由於實驗者竭力把結果描述得符合自己的原則，這些實驗幾乎全都被解釋糟了，甚至弄得錯誤百出，即或有些實驗對他有用，也必須花費時間挑選，實際上得不償失。因此，假如世界上有那麼一個人，大家確實知道他能夠作出最偉大的發現，給公眾帶來莫大的利益，由於這個緣故，別人都千方百計地幫助他完成計劃，依我看來，能幫得上他的也只限於提供經費，資助他進行必要的實驗，再就是誰也不要打擾他、浪費他的時間。何況我這個人還沒有那麼大的魄力，不敢保證自己的貢獻一定出乎尋常，也沒有那麼大的派頭，不敢想像大家都應當很關心我的計劃，我的人格也不是十分卑鄙，那些可以被人認為非分的照顧我是一樣都不肯接受的。

這些顧慮加在一起使我三年來不願發表手頭的那部著作，甚至下定決心在我活著的時候絕不發表任何帶有綱領性的、可以讓人們瞭解我的物理學原理的其他著作。可是從那時起又有另外兩條理由使我不得不在這裡拿出幾個特殊的樣品③，向大家大致說一說我的活動和計劃。第一條理由是：如果不這樣做，有些人知道我曾經有意出版幾部著作，他們會以為我放棄出版是由於不可告人的原因；我雖然並不過分好名，甚至可以說厭惡榮譽，認為榮譽妨礙安靜，安靜最佳，可是也從來不想隱蔽自己的行爲，好像犯了罪似的，也沒有防範森嚴，不讓人家知道自己，我認爲那樣做不但對不起自己，而且給自己帶來一種不安，違反我所追求的精神上絕對安靜；而且，我儘管始終採取漠然態度，既不求名也不求無名，還是不能不得到某種名聲，所以我想還是應當盡力而爲，至少要做到不得惡名。另外還有一條理由使我不得不寫這本書，那就是：由於需要做的實驗無窮無盡，我發現我的自學計劃不得不一天一天推遲，如果沒有別人幫助我是不可能完成的，所以我儘管沒有那麼大的派頭，不敢指望大家都來大力參加我的事業，還是不願意過分不盡責任，弄到死後留下罵名。人們總有一天會責備我太疏忽，沒有讓他們知道怎樣才能幫助我完成計劃，否則可以給他們留下許多更好的成果，我卻沒有做到。

我覺得不難選出一些題材，既不至於引起很大的爭論，也不需要違背我的意願過多地宣布我的原理，仍然可以很清楚地說明我在各門學問裡能夠做到什麼，不能做到什麼。這件工作做得成功與否，我自己沒法說，也不能對自己的作品議論一番，堵塞別人的評論，我很樂意大家審查它。爲了使大家有更多的機會審查，我請求有反對意見可提的人通力協助，費心把意見寄給本書的出版者，我一得到他的通知就會立刻把我的答覆附到本書的新版裡去，這樣，讀者可以同時看到兩方面的話，就更容易判別是非了；因爲我的答覆絕不會很長，只要認識到錯誤，就痛痛快快承認；如果看不出什麼錯誤，就簡簡單單說出我認爲必要的話，爲自己寫的東西辯護，不添新的材料，以免越說越遠，沒完沒了。

我在《折光學》和《大氣現象學》開頭處講了一些東西，由於我把它們稱爲假設，似乎無意加以證明，初看可能有點奇怪，要有耐性把全篇仔細讀完。我希望大家讀完之後會感到滿意，因爲我覺得其中的推理都是聯成一氣的，前面的可以證明後面的，後面的又可以反過來證明前面的，也就是說，可以用原因證明結果，又可以反過來用結果證明原因。大家不要以爲我這是犯了邏輯上所謂循環論證的毛病，因爲經驗告訴我們，這些結果大部分是非常可靠的，我根據一些原因把它們推演出來並不是以此證明它們實際存在，而是對它們作出說明，正好相反，那些原因是由它們來證明的。我把它們稱爲假設，只是爲了讓大家明白：我認爲根據前面說過的那些基本原理是能夠把它們推出來的，可是我決意不那麼做，免得被某些聰明人鑽空子。要知道，別人花二十年工夫想出來的東西只要告訴他們兩三個字，他們就立刻以爲自己在一天之內全都知道了。這種人越聰明、越機靈，就越容易犯錯誤，越不能發現眞理，我要是作了那種推演，他們就會抓住把柄，認爲那就是我的原理，在上面胡亂建立起狂妄的哲學來，弄得人家以爲是我犯了錯誤。至於那些純粹屬於我的看法，我承認它們是新的，並不辯解，因爲我相信大家看清了我的推理就會發現這些看法非常簡單、非常合乎常識，同大家對這類問題所能採取的其他見解相比，並沒有什麼特別、什麼奇怪；我也不吹噓這是我的創見，不過我很自豪，我採取這些看法並不是由於別人這樣說過，也不是由於別人沒有這樣說過，而只是由於理性這樣說服了我。

如果匠人不能立刻把《折光學》裡講解的那種發明用於實際，我想絕不能就此便說那種發明很糟，因為一定要有熟練的技巧，才能把我所描述的那些機械製造出來、裝配起來、做到毫無缺陷。如果一做就成，我覺得倒是一件怪事，不亞於一個人光憑一本好樂譜學了一天就會彈出一手好琵琶。我用本國的語言法文寫這本書，沒有用師長的語言拉丁文寫，那是因為我覺得，那些單憑自己乾乾淨淨的天然理性來判斷的人一定善於評判我的看法，勝過只信古書的人；至於那些把良知與學習結合起來的人，是我一心嚮往的公正評判者，我相信他們絕不會如此偏愛拉丁文，由於我用俗語說理就掩耳不聽。

此外，我並不想在這裡細談自己希望將來在學術上作出哪些新貢獻，也不想向大家提出任何沒有把握辦到的諾言，只想說一句話，就是我已經下定決心，把今後的時間專門用來求得一點自然知識，這點知識要踏踏實實，可以從其中推出一些規則供醫學使用，比一向使用的那些規則更切實可靠。我的傾向使我絕不作任何其他打算，主要是不幹那種對一些人有利、對另一些人有害的事情，假如迫於形勢不得不這樣做，我相信一定不會做好。因此我在這裡鄭重聲明：我深知我這個人是沒有辦法在人世間飛黃騰達的，我對此也毫無興趣，我永遠感謝那些寬宏大量、讓我自由自在地過閑散日子的人，並不希望有人給我塵世上的高官顯位。

譯注

① 指伽利略的地球運行說。

② 指當時的經院學者，他們奉亞里士多德為圭臬。

③ 指這篇談話後面的三篇試探：《折光學》、《大氣現象學》、《幾何學》（編按：本書並未收錄）。

附錄一

《哲學原理》序言（筆者寫給本書譯者的信，可以放在書前當序用）①

先生：

您費心翻譯我寫的《原理》，譯文這樣明白，這樣完美，我相信讀法文譯本的人會比讀拉丁文原本的多，書的內容會得到讀者的正確理解。我只擔心這個書名會使許多讀書太少、或者對哲學抱有消極成見的人望而卻步，因爲他們從別人那裡學來的成見使他們不滿意。這就使我想到，最好在書前加一篇序，向他們宣布本書有哪些內容，我寫這本書抱著什麼企圖，以及讀了它有什用處。可是我雖然理當寫這篇序，因爲我對那些事應該知道得比誰都清楚，但我所能做的卻僅限於給那些我以爲該在這裡討論的要點作一個概述，至於讓讀者知道哪些事情您認爲恰當，我要請您裁決。

我曾經想到首先要在那裡說明哲學是什麼，從一些最平常的事情說起，例如：哲學這個名詞的意思是研究智慧，所謂智慧指的並不只是處事審慎，而是精通人能知道的一切事情，以處理生活、保持健康和發明各種技藝；這種知識要能夠做到這樣，必須是從一些根本原因推出來的。所以，要研究怎樣取得這種知識，一個眞正從事哲學研究的人應當首先研究這些根本原因，也就是本原②；而這些本原應當滿足兩個條件：第一個是要非常清楚，非常明顯，人心一注意到它們就不能懷疑它們的眞理性；另一個是要依靠它們才認識其他事物，就是說，離開其他事物能夠認識它們，而不是反過來離開它們能夠認識其他事物；這以後就該盡量努力，從這些本原推演出各種依靠它們的事物的知識，做到推演系列中沒有一個環節不十分明顯。確確實實，神是唯一完全智慧的，就是說，他對一切事物的眞理性具有全部知識；可是我們可以說，人是有或多或少的智慧的，端視他們對那些最重要的眞理具有或多或少的知識而定。我相信這些話沒有一點不是飽學之士們仍然不同意的。

我接著就請大家考慮這個哲學的用處，指出它既然遍及人心所能知道的一切，我們就該相信，只是它使我們有別於那些生番和蠻子，每一個民族的文明與開化，就是靠那裡的人哲學研究得好，因此一個國家最大的好事就是擁有眞正的哲學家。此外，對於每一個獨立的人來說，不僅跟進行這種研究的人生活在一起是有益的，自己親身從事研究更是好到不知多少倍；毫無疑問，用自己的眼睛指導自己的行動，以及用這種辦法去享受顏色的美，享受光明，要比閉著兩眼聽別人指點好得多；不過聽從別人指引比起閉上兩眼只聽任自己行動還要好些。眞正說來，活著不研究哲學，就如同閉上兩眼不肯睜開；觀看我們視覺發現的一切而得到的那種愉快，根本比不上人們憑哲學發現事物的知識而獲得的那種滿足；總之，我們必須研究哲學來砥礪德行、指導人生，勝過使用眼睛來引導我們走路。野生的禽獸只有身體需要保護，就經常不斷地從事尋求養身的食品；然而人的主要部分是心靈，就應該把主要精力放在尋求智慧上，智慧才是他眞正的養料；而且我也敢斷言，有很多人在這方面是不會失敗的，只要他們抱著取得勝利的希望，並且知道自己能做多少就行。沒有一個人的靈魂如此卑下，牢牢地固守在各種感官對象上面，不會有那麼一回拋開感官對象，轉過來希望取得另外一個更偉大的好東西，儘管他每每不知道這個好東西在哪裡。那些得天獨厚的人享有充分的健康、榮譽和財富，更不會缺少別人所有的那種慾望；正好相反，我相信這些人是以極大的熱忱期待著另外一個比他們具有的一切更偉大的好東西。這個偉大的好東西，在那種不帶信仰光輝的自然理性看來，無非就是那種通過根本原因得到的對於眞理的認識，也就是哲學所研究的那個智慧。因爲這些道理是完全眞實的，所以它們不難使人信服，只要把它們很好地推演出來就行。

可是，由於人們憑經驗不能相信這些說法，因爲他們見到那些自命爲哲學家的人常常不如從未從事這種研究的人那麼智慧、那麼明理。所以我就在這裡扼要地說明了我們現有的全部學問狀況如何，以及人們達到的智慧有哪幾等。第一等的只包含一些本身就很清楚的見解，不用深思就能得到它們。第二等的包括各種感官經驗使我們知道的一切。第三等的是別人的談話教給我們的。此外還可以加上一個第四等的，就是讀書，並不是讀所有的書，而是專指讀那些能給我們教益的人寫的書，因爲這就是我們與作者進行的一種談話。在我看來，人們通常擁有的智慧只是用這四種辦法取得的；我在這裡就不列入那種神聖的天啓，因爲天啓並不是一步一步引導我們，而是突然一下把我們提高到確信不移的狀態。在以往的各個時代都有一些偉大的人物，曾經努力尋求第五等辦法來取得智慧，比其他四等要高明、精確到不知多少倍，這就是尋找那些根本原因和眞正的本原，從其中推演出人能知道的一切的所以然；從事這種工作的，就是大家稱之爲哲學家的那些人。可是我並不知道到現在爲止有誰完成了這個計劃。我們讀到其著作的最早的、主要的哲學家是柏拉圖和亞里士多德，他們倆的區別只在於前者追蹤自己的老師蘇格拉底，老實承認自己沒能找到什麼確定不移的東西，滿足於寫下自己以爲似乎眞實的事情，爲此想像出一些本原③，用來解釋其他的事物；亞里士多德則沒有那麼坦白，雖然跟他做了二十年門徒，也沒有什麼與他不同的本原④，卻完全改變了講述這些本原的方式，把它們講成眞實可靠的，雖然毫無跡象表明自己曾經作過這樣的評價。可是這兩個人擁有很多才智，又有很多用上述四種辦法取得的智慧，使他們得到不小的權威，以至於後來的人寧願跟從他們的意見，不想去尋求更好的東西。他們的門徒爭執的主要問題是：我們應該對一切都懷疑，還是認爲某一些是確實可靠的。這就使爭論的雙方都陷入荒唐的錯誤：因爲有些主張懷疑一切的人一直懷疑到人的行爲，因而放蕩不羈，無意於謹言愼行；那些主張確有其事的則以爲確實與否應當取決於感官，因而對感官完全信任，據說伊壁鳩魯就敢於反對天文學家舉出的全部理由，斷言太陽並不比我們看到的大些。

我們發現，在大多數爭論中間，並不是眞理位於人們主張的兩種意見的中間所在，不偏不倚，而是哪種意見越說得偏激就離眞理越遠。那些過於倒向懷疑方面的人的錯誤，並不是長期得到人們信從，另一批人的錯誤，由於承認感官在許多事情上欺騙我們，也已經得到了某種程度的糾正。然而這並不是說人們把這種錯誤完全消除了，我是向大家說明，確信並不是由感官得來的，只是由具有明顯知覺的理智取得的；我們只有來自上述四等智慧的知識時，不應該懷疑那些有關人類行爲的似乎眞實的事情，也不應該把它們看成十分確定，不能改變看法，哪怕在有某種理性的證據要我們改變的時候。由於不明白這個道理，或者雖然明白卻不肯實行，若干世紀以來大多數想當哲學家的人盲目追隨亞里士多德，以至於常常歪曲他的著作的意思，給他加上種種若他回到這個世界上也不會承認屬於他自己的意見；那些沒有跟隨亞里士多德的人（其中有很多是頗有才智的），在幼時也不免感染上他的意見（因爲這是學校裡教的唯一教材），這就成了牢固的先入之見，使他們不能認識到眞正的本原。我雖然對他們很尊重，不願因斥責他們而給自己招來怨恨，卻能爲我的說法提出一個證明，就是我相信他們沒有一個會不同意這個說法，即：他們全都把一個自己並不完全瞭解的東西設定爲本原。例如，我知道他們全都設定了地上各種形體中的重量，可是儘管經驗非常清楚地告訴我們那些號稱沉重的形體向地心降落，我們卻不知道這個所謂重量的本性是什麼，也就是說，不知道那使它們如此下落的原因或本原的本性是什麼，這一點我們應該從別的地方去學。這樣的話也可以用來說虛空和原子，熱和冷，乾和濕，鹽、硫、汞，以及有人設定爲本原的這一類東西。從一個不明顯的本原推演出的一切結論也不能是明顯的，雖說是明顯地推演出來的。由此可見，根據這樣的本原作出的一切推理並不能使他們得到某物的可靠知識，因此也不能使他們在智慧的研究中前進一步。儘管如此，我並不想貶低他們每一位所能指望獲得的榮譽，我只是想安慰一下那些不曾進行研究的人，不得不說，這好像在旅行，如果背朝著要去的地方前進，走的時間越長、速度越快，就離開目標越遠，縱然後來走上了正道，也不能立刻達到目的地，像以前沒有走似的。所以，如果設定著那些壞的本原，越是反覆琢磨它們，越是仔細從其中推出各種結論，就離開認識眞理和智慧越遠。由此應該得出結論說：對那種迄今被稱爲哲學的東西學得越少，就越能學到眞東西。

說明了這些意思之後，我打算在這裡舉出一些理由來證明，有一些眞正的本原可以用來達到最高級的智慧，使我們享有人生最大的好事，這就是我在這部書裡提出的那些本原。要達到這個目的只要說出兩點就行，第一點是它們非常清楚，第二點是能從其中推演出其他的一切事物來，因爲眞的本原需要滿足的只有這兩個條件。我很容易證明這樣的本原是非常清楚的，這首先是根據我發現這種本原的方式，即：凡是我可以遇到一絲一毫可疑之處的，我都把它否定了；因爲的的確確，凡是我考察時不能以這種方式加以否定的，就是人心所能知道的最明顯、最清楚的東西。我就考慮到，那個要想懷疑一切者，卻不能懷疑他懷疑時不是⑤，而且，那個不能懷疑自己、卻懷疑其餘的一切的推理者，並不是我們說是我們的形體的那個東西，而是我們稱之爲我們的靈魂或思想的那個東西，於是我就把這個思想的是⑥或存在當成最初的本原，並且十分清楚地從其中推演出下列結論，即：有一個神是世界上一切的創造者，他既然是全部眞理的來源，就並沒有把我們的理智創造得具有那樣的本性，以致在判斷自己非常清楚、非常分明地覺察到的事物時能夠弄錯。這就是我用來說明非物質事項或形而上學事項的全部本原，我從其中非常清楚地推演出有形體事項或物理學事項的本原，即：有一些在長、寬、高三方面伸張⑦的形體，具有各種不同的形狀，並且以各種不同的方式運動。總之，這就是我據以推演出其他事物眞相的本原。證明這些本原非常清楚的另一個理由是：它們在任何時代都爲人們所知曉，甚至於被所有的人看成眞實的、無可懷疑的，只有神的存在除外，曾經被某些人所懷疑，因爲他們過分傾向於感官的知覺，而神是看不見摸不著的。可是，我列爲本原的一切眞理雖然在所有的時代被所有的人所知曉，就我所知，到現在爲止並沒有一個人承認它們是哲學上的本原，也就是那樣的一些本原，我們可以據以推演出世界上一切其他事物的知識。因爲這個緣故，我在這裡還要來證明它們是這樣的本原；我覺得最好還是讓經驗來說話，也就是請讀者看看這部書。因爲我雖然沒有在書中論述所有的東西，沒有做那種辦不到的事，我想我還是把有機會論述的都詳細說明白了，看我文章的人會很容易被說服，認爲沒有必要去找別的本原，只要根據我提出的那一些就可以達到人心所能獲得的那些最高的知識；主要是，他們讀了我的文章之後，如果用心考慮到這部書裡說明白了那麼多各式各樣的問題，再通讀別人的文章，就會看出用異於我的本原的本原說明那些問題，所能提出的似乎眞實的理由是多麼稀少。爲了使他們比較容易從事研究，我可以告訴他們，受過我的意見熏陶的人不用費多大勁就能理解別人的著作，認清其中的眞正意義，大大勝過沒受過我的意見熏陶的人；這跟我前面說的那些從古代哲學讀起的人完全相反，那些人學的越多，通常就越不容易通曉眞正的哲學。

此外我還補了幾句，勸大家留意自己讀這部書的方式。我希望讀者首先要通讀全文，就像看小說那樣，不要過分地聚精會神，遇到可能出現的困難不要停下不看，只要大體上知道我論述的那些題材是什麼就行；這以後，如果發現這些題材值得鑽研，自己有興趣弄清它們的原因，那就可以再讀一遍，看看我提出的那些理由之間的聯係；如果他不能處處都充分看出那種聯係，或者不完全理解那些理由，那也不能到此止步，只能用筆標出發現困難的地方，繼續不斷地把它看完；這以後，如果他把書拿起看第三遍，我相信他會發現以前標出的大部分困難都得到了解決；如果還剩下一些的話，他反覆閱讀，最後會得到解決的。

我考察人們的各種天賦才智，發現沒有一個人的秉賦會如此愚昧、如此魯鈍，以至於不能理解良好的意見，只要得到正確的指導，全都可以做到，甚至可以得到各種最高的學問。這件事也可以用理性來證明，因爲只要本原是清楚的，又只用十分明顯的推理來推演，人總是有足夠的才智用於理解隨著本原而來的那些東西。可是此外還有偏見在起阻礙作用，人是很難完全避免偏見的，研究假學問最多的人固然受害最大，具有中等才智的人卻幾乎總是以爲自己不行，因而放棄研究，而另一些比較熱心的人則急於求成，跑得太快：這樣一來，他們就常常接納一些並不明顯的本原，而且據以推出一些並不可靠的結論。因爲這個緣故，我要給那些過分低估自己力量的人打氣，肯定我的著作裡沒有一樣東西是他們完全不能理解的，只要他們用心考察就行；

同時我也要提醒另一些人說，即便是最傑出的才子，也需要花費很多時間和精力才能理會我要在書中講出的一切。

這以後，爲了使大家明白我公開發表這些見解的目的何在，我還要在這裡說明，我認爲我們應該按照一定的次序來教育自己。首先，一個人如果還只有用上述四種方法所能獲得的那種平凡的、不完備的知識，就該先努力樹立一種爲人處世的規範，來規定人生的各種活動，因爲這是刻不容緩的，我們首先要生活得妥善才行。然後，還應該學習邏輯，這不是經院裡的邏輯，因爲眞正說來，那只是一種辯證法，教人如何使別人理解自己所知道的東西，甚至對自己並不知道的東西毫無判斷地說許多話，因此只會敗壞良知⑧，不能使理性增長分毫；而邏輯卻是教人正確地運用自己的理性去發現自己所不知道的眞理；由於邏輯要靠熟練，所以最好長期練習，在一些容易的、簡單的問題上，例如在數學問題上，反覆運用邏輯的規則。然後，在養成了一些習慣，能在這些問題上發現眞理的時候，就應當開始認眞地研究眞正的哲學，它的第一部分是形而上學，包括知識的本原，其中就說明神的主要屬性，我們靈魂的非物質性，以及我們心中的那些清楚的、簡單的見解。第二部分是物理學，在發現了物質性東西的眞正本原之後，就一般地考察宇宙是怎樣構成的，接著又特殊地考察這個地球的本性是什麼，考察通常出現在地球周圍的一切形體，如氣、水、火、磁石以及其他各種礦物是怎麼一回事。這以後也需要特殊地考察各種植物、動物、尤其是人的本性，這樣才能發現那些對人有益的其他學問。因此哲學好像一棵樹，樹根是形而上學，樹幹是物理學，從樹幹上生出的樹枝是其他一切學問，歸結起來主要有三種，即醫學、機械學和道德學，道德學我認爲是最高的、最完全的學問，它以其他學問的全部知識爲前提，是最高等的智慧。

可是我們並不是從樹根上，也不是從樹幹上，只是從樹枝的末梢上摘取果實的，所以我們認識哲學的主要用途要靠認識它的部分的用途，我們只能學習後者。我雖然對後者幾乎全然無知，卻熱心爲公眾服務，因此在十來年前付印過幾篇隨筆[9]，寫的是我認爲自己曾經學習到的東西。這些隨筆的第一部分是一篇《談談正確運用自己的理性在各門學問裡尋求眞理的方法》，其中概述了邏輯的主要規則，以及一種並不完備的道德學的規條，人們在遠不知道更好的道德學時暫時可以照著做。其他的部分是三篇論文：一篇關於折光學的，另一篇關於氣象學的，最後一篇關於幾何學的。在《折光學》裡我試圖表明：我們在哲學上向前推進一步，就能用它的方法進而認識一些有益於人生的技藝，因爲我在那裡講了望遠鏡的發明，那是人們研究過的最難的課題之一。在《大氣現象學》裡我試圖使大家承認，我所研究的哲學與經院裡講授的哲學雖然通常研討同樣的題材，卻是不一樣的。最後，在《幾何學》裡我試圖證明，我已經發現了許多以前不知道的東西，因此有理由相信我們還能發現許多別的東西，並以此刺激所有的人去研究眞理。從那個時候起，我預見到許多人會難以體會形而上學的根本，因而在一本題爲《沉思集》的書裡努力說明了它的主要之點；那本書不很大，但是後來它的篇幅變大了，問題說得明白多了，這是因爲有許多非常淵博的人寄來他們對我的論點的異議，我又給他們作了答覆的緣故。最後，我覺得上述的這些論文已經爲讀者的心靈作了理解《哲學原理》的充分準備，就把它出版了。我把這部書分成四個部分，第一部分包含知識的原理，可以稱爲一等哲學⑩或形而上學：爲了準確地理解這一部分，宜於先讀我對同一題材寫的那些沉思。其餘的三部分包含物理學中最一般的東西，就是說明自然界的根本規律或本原，以及天宇、恆星、行星、彗星和整個宇宙是怎樣構成的；然後分別說明這個地球以及氣、水、火、磁石的本性，這些東西是我們在地球周圍隨時隨地可以發現的，此外還有我們在這些形體裡面見到的一切性質，如光、熱、重之類：這樣，我想我已經開始依次說明了整個哲學，沒有任何遺漏，把應該在我寫過的那些東西之前加以論述的都說到了。但是，爲了把這個計劃一直進行到底，我應該在這以後以同樣方式逐個說明地球上另一些更特殊的形體的本性，就是論述各種礦物、植物、動物，主要是人；最後，要正確地論述醫學、道德學和機械學的本性。我應該做的工作是給人們提供整整一套哲學；我並不感到自己太老，並不認爲自己的力量不夠，並沒有發現自己無法認識其餘的東西，以至於不敢去完成這個計劃，我是有條件進行全部實驗來確立和證實我那些推理的。可是我看出這件工作需要的費用很大，我這樣的個人沒有公眾幫助是出不起的，我也看不出自己應該等待這種幫助，所以我認爲從現在起應該滿足於爲教育自己而學習，如果未能爲後人工作，是會得到諒解的。

然而，爲了讓大家看得出我在哪方面幫了他們，我要在這裡告訴大家，我深信他們能從我提出的這些本原得到哪些果實。第一個果實是人們在其中發現許多以前不知道的眞理，將會心滿意足；因爲眞理雖然常常不像錯誤和虛構那樣打動我們的想像力，但由於它顯得不大奇妙而比較簡單，它給人們帶來的滿足總是比較持久、比較牢靠。第二個果實是人們研究了這些本原會一點一點養成習慣，學會正確地判斷所遇到的一切事物，因而比較智慧：在這一點上，他們收到的效果與學習通常的哲學⑪正好相反；因爲很容易在那些號稱學究的人身上看到，那種哲學使他們更加不能運用理性，還不如沒有學過好。第三個果實是我這些本原非常清楚、非常確切，會肅清一切爭執的緣由，使人心安定到溫和而且協調；與經院的爭辯正好相反，那種爭辯使學它的人更加吹毛求疵、更加頑固不化，也許是當今世界上流行各種異端邪說的根本原因。我這些本原的最後一個主要的果實，就是人們研究了它們就能發現許多我並未說明的眞理，這樣一點一點從一個進到另一個，經過一段時間就能獲得一種對於整個哲學的完備的認識，上升到最高級的智慧。因爲，正如我們在各種技藝裡看到的，它們起初是粗糙的、不完善的，可是由於包含著某種眞東西，而且經驗也表明它們有效，它們就通過使用，一點一點完善起來。同樣情形，我們在哲學上有了一些眞的本原時，就不免依據著它們有時遇見另一些眞理；要證明亞里士多德所提出的那些本原是假的，較好的辦法是說：我們遵循這些本原很多世紀以來，並沒有憑著它們作出任何進步。

我很知道，有一些才子急於求成，做事很不審愼，即使有非常可靠的基礎，也蓋不出結實的房子來；通常那些急於著書立說的人會在很短的時間內毀掉我所做的一切，在我的那種研究哲學的方式裡加進了不確定和懷疑。由於這個緣故，我曾經力求把他們仔仔細細駁斥一番，以免人家把他們的文章當成我的，或者以爲其中充滿著我的意見。不久前我得知有一個人被認爲一心一意追隨我的看法，甚至我自己還在某處寫過他，說「我非常信服他的才能，而且相信他所持的意見沒有一個不是我很願意承認屬於我自己的」⑫：因爲他去年出版了一本書，名叫《物理學基礎》（*Fundamenta Physicae*）⑬，其中雖然沒有一處說他在物理學和醫學方面的說法取自我的著作，包括我已經出版的作品，以及另一種落在他手裡的關於動物本性的不完備的作品，可是由於他抄襲得太拙劣，改變了次序，否認了某些應當作爲物理學根基的形而上學眞理，我不得不對此書全盤否定，並且請求讀者不要把任何意見加給我，除非在我的文章裡明顯地發現了它，也不要肯定任何意見是眞的，不管是我的文章裡的還是別處的，除非自己非常清楚地看出它是從眞的本原推出來的。

我也很知道，人們像這樣從這些本原推出一切可以從其中推出的眞理之前，會經過幾百年時間，因爲大部待發現的眞理要靠某些特殊經驗引出，這些經驗是不會偶然遇到，只能由一些非常聰明的人付出心思和費用去尋找的；還因爲那些善於使用心思和費用的人不大能夠取得它們；還因爲大多數優秀的人才對整個哲學懷有不好的看法，這是由於他們在流行至今的哲學裡看出了毛病，不能投身於其中尋求一個好東西。可是，如果他們最後看出了我這些本原與別人的一切本原的區別，我們能夠推出的大串眞理使他們認識到繼續這些眞理的研究有多麼重要，這些眞理最後會引導到何等的智慧，何等的生活圓滿，何等的幸福，我敢於相信不會有一個人不努力投身於如此有利的研究，至少他們會盡力幫忙和協助那些研究有成就的人。我預祝我們子孫後代在這方面看到成功，等等。

譯注

① 笛卡兒所著《哲學原理》（一六四四年）是用拉丁文寫的，一六四七年出版的法文譯本加上了這篇代序。這個譯本原署「他的一個朋友譯」，譯者實際上是格羅德·畢果方丈（Abbé Claude Picot）。

② les principes，開始的東西，即希臘哲學的 ἀρχή。舊譯「原則」或「原理」，包含了原來沒有的「規則」、「道理」的意思，應糾正。

③ 指柏拉圖的 ἰδέα, εἶδος，意指型、相，由於拉丁文譯本譯作 idea，英、法文譯本也因此譯成 idea 和 idée，我國舊譯誤為「觀念、理念」。

④ 亞里士多德的 εἶδος，是從柏拉圖那裡繼承來的，拉丁文譯本改譯為 forma，英、法文譯本因此譯成 form 和 forme，我國據以譯為「形式」。

⑤ qui ne peut toutefois douter qu'il ne soit，意即：不能懷疑自己在懷疑的時候並不存在。

⑥ l'être，即注①中的 soit（動詞條件式現在時第三人稱單數）。這個「是」並非繫詞，而是實義詞，指「起作用」，即「存在」的原始意義。

⑦ l'étendue，拉丁文 extentio，指向外擴張；舊譯「廣袤」，又譯「廣延」，都只說到寬和長，沒有說到高，所以不恰當。

⑧ le bon sens，即分別真假的能力，不同於可以弄錯的感官，因此就是理性。

⑨ l'essai，出於動詞 essayer「嘗試」，指一種文體，是比較隨便的講述，不是長篇大論。如蒙田的和洛克的。

⑩ la première philosophie，拉丁文作 philosophia prima，原來由亞里士多德提出，笛卡兒接受了這個提法。

⑪ 指經院哲學。

⑫ 這話的意思見笛卡兒給伏愛特的信（Epistola Renati Des-Cartes ad D.Gis bertum Voetium, 1643）。

⑬ Henri Regii Ultrajectini, *Fundamenta Physices*（1646）

附錄二
《第一哲學沉思集》序言（給讀者的序）①

神和人心這兩個問題，我在一六三七年出版的《論正確運用自己的理性在各門學問裡尋求眞理的方法》②裡已經接觸到了，不過那本書裡無意於深入探討，只是順便談一談，以便從別人對此的評論中學一學我以後應當以什麼方式來論述。因爲這兩個問題我一直認爲非常重要，最好反覆討論幾次；同時我用來解釋這兩個問題的辦法又沒什麼人用過，與通常的途徑相去甚遠，所以我以爲用法文、用這種人人讀得懂的文字寫出來是不利的，恐怕那些才疏學淺的人會以爲他們可以走這條路。

我在那本書裡曾經懇請一切讀者，只要在我寫的文字裡看出什麼值得指責的地方，就不吝賜教，給我指點出來。可是在我對這兩個問題所說的話裡，只有兩點大家提出了不贊成的意見。我想對這兩點先在這裡簡單答覆一下，以後再作更確切的解釋。

第一點是說：人的心靈③反觀自己，見到自己無非是一個在思想的東西，但是不能由此得出它的本性或本質僅僅在於思想，因爲這個「僅僅」就把人們也許可以說屬於靈魂④的本性的其他東西統統排除了。

我對這個反駁的答覆是：我在那裡並不是有意按照事物實際的次序⑤把其他的東西排除掉（那時我並沒有探討事物的實際），只是按照我的思想的次序立論。所以我的意思是說：我不知道什麼東西屬於我的本質，只知道我是一個在思想的東西，或者是一個本身具有思想能力的東西。我在這以後將要說明，怎樣根據我不知道有什麼別的東西屬於我的本質，可以推出也沒有什麼別的東西事實上屬於我的本質。

第二點是說：從我心裡有一個比我更完滿的東西的觀念，不能得出這個觀念比我更完滿，尤其不能得出這個觀念所代表的東西存在。

我的答覆是：觀念這個詞在這裡有歧義，它可以從實質方面理解爲我的理智的一個活動，在這個意義上是不能說它比我更完滿的；它也可以從客觀方面理解爲這個活動所代表的東西，這個東西我雖不能假定它存在於我的理智以外，卻可以比我更完滿，這是由於它的本質⑥的緣故。但是，我在下文中要更詳細地表明，怎樣僅僅從我心裡有一個比我更完滿的東西的觀念，就可以得出這個東西眞正存在。

此外，我也看到另外兩篇相當長的文章談這個問題，它們攻擊的與其說是我舉出來的理由，不如說是我得出的結論，而且它們用來攻擊的那些說法無非是從無神論者們的濫調裡套來的。可是這類說法，並不能在那些可以理解我的論證的人心中造成任何印象，而且多數人的評判是非常淺薄，非常不合道理的，他們總是寧願相信自己對一件事的先入之見，哪怕它是錯誤的、離開正理很遠的，而不肯接受可靠的、眞正的、以後得到理解的對那些意見的駁斥，所以我不想在這裡答覆它們，以免先得將它們複述一番。

我只是一般地說，無神論者們那些攻擊神存在的說法，依靠的永遠是要麼把人的七情六慾強加於神，要麼以爲我們的心靈具有強大的力量和智慧，自命有權決定和理解神能夠和應該做什麼事。因此，他們的說法並不能給我們造成任何困難，只要我們牢記：我們應該把自己的心靈看成有限的，把神看成無限的、深不可測的。

現在，我充分考慮人們對我的意見之後，重新研討神和人心這兩個問題，同時討論整個第一哲學的本原，可是我並不期待庸俗的吹捧，也不希望我的書得到多數讀者。正好相反，我絕不會勸任何人讀它，除非他願意跟我一同進行嚴肅的沉思，並且能夠讓他的心靈與感官脫離關係，完全擺脫各式各樣的成見；這樣的人我只知道爲數非常之少。至於另外一種人，他們根本不理會我提出的那些理由的次序和聯係，只樂於對這一部分那一部分指指點點，吹毛求疵，像許多人做的那樣，那種人我說也不會從讀了這部論著得到多大好處；他們也許會在許多處所找到挑剔的機會，卻很難提出什麼咄咄逼人的、或者值得答覆的反駁來。

既然我並不向別人預先許諾，說我能一下就使他們滿意，也不吹噓自己有那麼大的能力，能夠預見到一切可以給每個人造成困難的事情，我要在這幾篇沉思裡首先告訴大家，我是憑著哪些想法使自己深信已經達到了一種對於眞理的確切、可靠的認識，看看我用這些使我自己深信的理由是不是也能使別人深信；這以後，我將答覆一些博學多才的人向我提出的反駁，我在付印之前就向他們發送了我的這些沉思，請求他們審查。因爲他們向我提出的反駁爲數很多，而且是各式各樣的，所以我敢說別的人是很難提出什麼尚未涉及的有重要意義的反駁來了。

因爲這個緣故，我懇請列位想看這幾篇沉思的人，仔細看這些反駁和我所做的答覆，在全部看完之前不要下任何判斷。

譯注

① 這是拉丁文本《第一哲學沉思集》的序，這本書由 De Luynes 譯成法文，後經 Clerselier 修改譯文出版。

② 這個書名譯成拉丁文時作 Dissertatione…（論……），不同於原來的 Discours…（談……）。

③ mens humana，法譯作 l'esprit humain，指思想的主體。

④ anima，法譯作 l'âme，指生命的主體。

⑤ in ordine ad ipsam rei veritatem，法譯作 selon l'ordre de la vérité de la chose，指事物的實際情況。

⑥ sua essentia，法譯作 son essence，指它是什麼。

附錄三

《第一哲學沉思集》文前綜述（下列六篇沉思的綜述）①

第一篇告訴我：由於什麼原因，我們可以普遍地懷疑一切事物，尤其是物質性的東西，只要我們在學問上除了歷來所持的根據之外沒有別的根據。一種如此普遍的懷疑有什麼用處，雖然乍看起來並不明顯，可是儘管如此，它的用處卻是非常之大的，因爲它能使我們擺脫各式各樣的成見，爲我們準備一條方便的道路，好讓我們的心靈養成脫離感官的習慣，而且能使我們以後發現某些東西眞實時不可能再懷疑它們。

第二篇告訴我們：心靈運用它固有的自由，認定任何東西只要其存在有絲毫可疑之處，就是不存在的，但是認爲自己絕對不可能不存在。這也有一種非常大的用處，因爲它用這種辦法很容易區別開屬於它的東西，即具有心智本性的東西，與那些屬於形體②的東西。但是，由於很可能有人期待我在這個地方提出一些理由來證明靈魂不會死③，所以我認爲應該在這裡提醒他們：我已經決心在這部論著裡不寫任何沒有精確證明的東西，因此我認爲自己不得不遵循一個好像幾何學家們所用的次序，就是首先提出一個待證命題所依靠的一切東西，然後才從其中推出結論。爲了正確地認識靈魂不會死，需要做到的第一件主要的事情，是給靈魂構成一個清楚明白的概念，完全有別於我們對形體所能具有的一切概念；這件事已經在這個地方做到了。除此以外還需要知道，凡是我們清楚而且分明地理解到的東西，就像我們理解到它們那樣是眞的；這在第四篇沉思之前還不能證明。此外還應該有一個關於形體本性的分明的概念，這個概念一部分構成於這個第二篇裡，一部分構成於第五、第六篇沉思裡。最後應該從這一切得出結論：凡是我們清楚而且分明地理解到是不同的本體④的東西，如同我們理解到心靈和形體那樣，實際上是一些本來彼此有別的本體，這是第六篇沉思得出來的結論。在這個第六篇沉思裡還肯定了一件事，就是我們只能把一切形體理解爲可分的，與此相反，人的心靈卻只能理解爲不可分的；因爲事實上我們並不能理解任何靈魂的一半，卻可以理解任何一個再小不過的形體的一半，所以我們只能承認它們的本性不僅不同，甚至多半是相反的。不過在這本書裡我並沒有進一步討論這個問題，因爲這已經足以相當清楚地表明形體的朽壞並不帶來心靈的死亡，由此可以給人以死後復活的希望；同時也因爲我們據以推出心靈不會死的那些前提要由全部物理學來解釋。首先要知道，一般說來，所有的本體，即一切不經神創造就不能存在的東西，是憑它們的本性不會朽壞的，而且它們不能不再是⑤，除非神親自撤回對它們的維持⑥，讓它們化爲烏有。其次要注意，一般的形體是一個本體，正因爲如此，是不消滅的；但是人的形體不同於其他的形體，只是由某些肢體和偶性搭配起來組合而成的，人的心靈卻不是像這樣由什麼偶性組合而成的，它是一種純粹的本體。因爲它的一切偶性雖然變化，例如它在想某某東西，它在要另一些東西，以及它在感覺另一些東西之類，心靈本身卻並不變成別的東西；人的形體變成另外一樣東西，這只是由於它的某些部分的形狀改變了。由此可見，人的形體很容易消滅，人的心靈是憑著它的本性不會死的。

在第三篇沉思裡，我覺得已經相當詳盡地解釋了我證明神存在的主要論證。但是儘管如此，由於我在這個地方不願意用有形體的東西打比方，好教讀者的心靈擺脫使用感官的習慣，這樣一來也許會留下許多模糊不清的地方，希望在我對迄今所提反駁的答覆中把它們完全說清楚。例如其中就有一個這樣的問題：我心裡那個關於最完滿的是者⑦的觀念，怎麼包含著那麼多的客觀實在性，就是說，由於代表某個東西而分沾上那麼高級的是和完滿，以至於應當來自一個最完滿的原因。我在這些答覆中用一架非常精巧的機器作比，這機器的觀念存在於某個工匠的心裡；因爲，正如這個觀念的客觀精巧應當有某個原因，就是這個工匠的學識，或者是另外一個把這觀念傳授給他的人的知識，同樣情形，我們心中的神的觀念不可能不以神本身爲原因。

第四篇證明：凡是我們十分清楚而且分明地覺察到的都是眞的，同時說明錯誤或虛假的原因何在，這是必須知道的，知道了就可以肯定以前的眞理，並且更好地理解後來的眞理。可是應當注意到，我在這個地方根本不討論罪惡，即追求善和惡時所犯的錯誤，討論的只是判斷和分辨眞假時所發生的錯誤，我也不談那些屬於信仰或爲人處世方面的事情，只談那些思辨的、唯有借助於天然的靈明⑧才能認識的眞理。

在第五篇沉思裡，除了解釋一般意義的形體本性之外，還用一個新的理由證明了神的存在，其中雖然也有可能遇到某些困難，可是大家會在我對人們向我提出的那些反駁的答覆中看到解決。此外，我還以某種方式表明，的的確確，幾何學式證明之所以可靠，全靠對神的認識。

最後，在第六篇裡，我把理解活動與想像活動區別開來，並且在那裡描述了這種區別的標幟。我在其中指出，人的心靈確實與形體有區別，雖說形體非常緊密地與心靈結合在一起，好像與它構成一體似的。那裡把各種來自感官的錯誤都揭明了，還指出了避免這些錯誤的辦法；最後我還提出各種理由，從而得出物質性的東西存在的結論；這並不是因爲我認定這些理由非常有利於證明它們所證明的事情，如有一個世界，人有身體，以及諸如此類的事，這些是任何有良知的人從來不會懷疑的；我提出這些理由卻是因爲人們經過仔細考慮，會看出這些理由不如那些引導我們認識神和我們心靈的理由那麼紮實、那麼明顯；所以那些理由是可以擊中人心的認識的最可靠、最明顯的理由，這就是我打算在這六篇沉思裡證明的一切；因爲這個緣故，我在這裡略去了許多我在這部論著中也曾偶然談到的其他問題。

譯注

① 這是《第一哲學沉思集》正文前的綜述，原著為拉丁文，後經 Luynes 和 Clerselier 譯為法文。

② corpus，法譯作 le corps，指有長、寬、高的東西，包括物體和身體。

③ immortalitas animae，法譯作 l'immortalité de l'âme，指靈魂不像形體那樣會死。

④ substantia，法譯作 la substance，指一物之所以是或存在的根本，即亞里士多德的 όνδία。

⑤ esse，法譯作 être，指原始意義的存在，此處「不再是」就是停止存在的意思。

⑥ concursus，法譯作 le concours，基督教神學認為神從無中創造了萬物，使它們得以存在，然後給以經常在的協助，使它們維持存在，如不維持，就立即復歸於無。

⑦ ens，法譯作 l'être，是動詞 esse「是」的現在分詞形式，轉用為名詞，指「那個是的東西」；最完滿的是者就是神。

⑧ Lumen naturalis，法譯作 la lumière naturelle，指理性。

附錄四

《第一哲學沉思集》書末附錄（按照幾何學的方式安排的證明神存在、靈魂與形體有區別的理由）①

定義

一、思想②這個名稱，是指一切在我們心裡、被我們直接意識到的東西。因此一切意志活動、理智活動、想像活動和感官活動都是思想。可是我又加上直接二字，來排除那些跟隨、依附我們思想的東西，例如有意的行動，它實際上是以意志爲它的本原的，本身並不是思想。所以行走並不是思想，而是我們對自己在行走這件事的知覺或認識③。

二、觀念④這個名稱，我理解爲我們每個思想的那種形式，我們是憑著對那種形式的直接知覺進而意識到這些思想的。因此，我理解我所說的話時，一定是我心裡有我的話所指的東西的觀念，否則我就不能用話來表達任何東西。所以我用觀念這個名稱來稱呼的，並不是那些僅僅描繪在幻想裡的形相；正好相反，我不用這個名稱稱呼它們，只要它們是在形體的幻想裡面的，就是說，是描繪在大腦的某些部分裡面的。我稱之爲觀念的，只是那些向心靈本身報信的形相，是心靈本身在支配著大腦的那個部分。

三、所謂觀念的客觀實在性⑤，我理解爲觀念所代表的東西的是性⑥，就其在觀念裡面而言。同樣情形，我們也可說一種客觀的完滿，或一種客觀的靈巧，等等。因爲凡是我們理解爲在觀念的對象裡的，也都客觀地、或通過代表作用⑦在觀念本身裡。

四、說某某東西形式地⑧在觀念的對象裡，是指它在對象裡就像我們對它理解的那樣；說它卓越地⑨在那裡，是指它並不是像那個樣子，而是偉大到能夠以它的傑出彌補這個缺陷。

五、一件東西，以它爲主體直接寄託著、或者以它爲依靠存在著某種我們理會到的東西，即我們心裡有實在觀念的某種特性、性質或屬性，就叫本體。因爲嚴格說來，我們對於本體沒有別的觀念，只認爲它是這樣一個東西，其中形式地或卓越地存在著我們所理會的東西，即客觀地在我們的某個觀念裡面的東西，因爲天然的光亮⑩告訴我們，無並不能有任何實在的屬性。

六、那有思想直接寄託於其中的本體，就叫心靈⑪。我在這裡寧願叫它心靈，而不想叫它靈魂⑫，因爲靈魂這個名稱有歧義，而且常常用來指一個有形體的東西。

七、那作爲主體直接帶著伸張⑬以及以伸張爲前提的偶性如形狀、位置、位移等等的本體，稱爲形體⑭。至於那稱爲心靈的本體和稱爲形體的本體究竟是同一個本體，還是兩個不同的、分立的本體，要在這以後再研討。

八、那被我們理解爲無上完滿的、不能設想其中包含任何缺陷或完滿的限制的本體，稱爲神⑮。

九、我們說某種屬性包含在一件東西的本性或概念⑯裡時，就等於說這種屬性眞是這件東西的，可以確信它在這件東西裡面。

十、說兩個本體確實有區別，是指這二者之一能夠離開另一而存在。

要求

我要求：第一，讀者要考慮到，那些一向使他們信任自己感官的理由是多麼軟弱無力，他們向來依靠感官作出的一切判斷是多麼不可靠；他們要長期地、經常地重溫這種考慮，直到養成習慣，不再那樣堅定地信賴自己的感官；因爲我認定必須這樣才能知道形而上的東西是可靠的。

第二，讀者要考慮他們自己的心靈，以及心靈的一切屬性，他們會看出這些屬性是不能以任何方式懷疑的，雖然他們認定自己憑著感官接受的一切都是完全虛假的；他們要不斷地考慮這一點，直到養成習慣，能清楚地認識到這比一切有形體的東西更容易認識。

第三，他們要專心研究那些無需證明就能知道的命題，這些命題是每一個人都在自己心裡發現的，例如：同一個東西不能同時既是又不是；又不能是任何東西的作用因[17]，等等；他們要運用自然給予他們的那種理解的清楚明白，可是這種清楚明白總是受到感官知覺的干擾，被弄得模糊不清。所以我說，他們要運用那種乾乾淨淨的、擺脫感官成見的清楚明白；因爲用這個辦法，下列公理的眞實不虛才會非常明顯地向他們顯現。

第四，要研究那些包含若干屬性總和的本性的觀念，例如三角形的本性，正方形的本性，或者某種別的圖形的本性，還有心靈的本性，形體的本性，以及這以上的神或無上完滿是者[18]的本性。要看到我們確實可以肯定的那些東西[19]都在本性裡面，我們清楚地理會到它們包含在其中。舉例來說，由於直線三角形的本性裡面包含著它的三個角等於兩直角，形體或伸張的東西的本性裡面包含著可以分割（因爲我們不能理會一個伸張的東西會小到不能分割，至少在思想上還是可以分割的），所以確實可以說一切直線三角形的三個角都等於兩直角，一切形體都可以分割。

第五，要鍥而不捨地思考那無上完滿的是者的本性；除此以外，要考慮到其他一切本性的觀念裡誠然包含著可能的存在，在神的觀念裡卻不僅包含著可能的存在，而且包含著必然的存在。因爲單憑這一點，不用任何推理，就知道神存在，其明顯不下於二是偶數、三是奇數之類。因爲有些事情就是這樣無需證明就被某些人知道，而另一些人只有通過一長串說理和論證才能理解。

第六，要仔細考慮我在這幾篇沉思裡說到的一切清楚分明地知曉的例子，以及一切模糊混亂的例子，這樣才能養成習慣，善於分清知道得清楚的東西與模糊的東西；因爲學會這一點用例子比用規則好，我想不碰到一點東西是舉不出任何例子的。

第七，要注意到，我們從來沒有在理解得一清二楚的東西中間認出什麼假的來，而是正好相反，除非湊巧，我們從來沒有在知道得糊裡糊塗的東西碰到過什麼眞的；這樣，就會考慮到：如果由於某些感官的成見，或者由於某些任意提出的、建立在曖昧不明的東西上的假設，竟對理智清楚分明地理會到的東西產生懷疑，那是完全不合理的。用這樣的辦法，就會很容易認爲下列公理是眞實無疑的，雖說我承認其中有許多條可以解釋得更好些，應當提出來作爲定理，而不是視之爲公理，如果我願意說得準確一點的話。

公理或共同見解

一、沒有一樣存在的東西不能問它存在的原因是什麼，因爲即使對於神也可以這樣問；這並不是由於神需要有一個原因使之存在，而是因爲神的本性廣大無垠，就是那個原因或理由，說明了神不需要有什麼原因使之存在。

二、現在並不依靠那個直接在它前面的過去；由於這個緣故，保存一樣東西並不需要一個亞於當初產生它的原因。

三、任何東西，任何實際存在的東西的完滿，都不能以無[20]爲它存在的原因。

四、一件東西裡面的實在性或完滿，是形式地或卓越地在它的根本原因或充足原因[21]裡面的。

五、由此可見，我們觀念的客觀實在性要有一個原因，這原因就包含著這種實在性，不僅是客觀地包含著，而且是形式地或卓越地包含著。必須注意，這條公理是非接受不可的，單憑這條公理，我們才能認識所有的東西，包括可以感覺到的和不能感覺到的。因爲，舉例來說，我們是根據什麼知道天存在呢？是因爲我們看見它嗎？可是這個「看見」除非是一個觀念，一個附著在心靈裡面的觀念，而不是一個描繪在幻想裡的影像，否則它是聯係不到心靈上的。而且，如果不是一切觀念都該有一個具有客觀實在性的、實際存在著的原因，我們也不能根據那個觀念斷定天存在；我們斷定那個原因就是天本身，別的事情也是這樣。

六、有不同等級的實在性或是性：因爲本體具有的實在性要多於偶性或樣式[22]具有的，無限本體所具有的要多於有限本體具有的。由於這個緣故，本體的觀念裡的客觀實在性要多於偶性的觀念裡的，無限本體的觀念裡的要多於有限本體的觀念裡的。

七、思想者的意志是自願地而且自由地活動的（因爲這屬於它的本質），卻又不可避免地奔向他清楚地認識到的好事。因爲這個緣故，他如果發覺有些完滿是自己所缺乏的，就立刻向它們撲上去，只要他能辦得到。因爲他會認識到，有這些完滿是一件比沒有它們更大的好事[23]。

八、能做比較多、比較難的事情的，也能做比較少、比較容易的事情。

九、創造或者保存一個本體，比起創造或者保存它的屬性或特性來，是一件更大、更難的事；但是創造一件東西，比起保存它來，並不是一件更大、更難的事：這是已經說過的。

十、在一件東西的觀念或概念裡，是包含著存在的，因爲我們只有在存在的形式下，才能理會某個東西；不同的是在一件有限的東西的概念裡，只包含著可能的或偶然的存在，而在一個無上完滿的是者的概念裡，則包含著完滿的、必然的存在。

命題一　只要考慮神的本性就知道神存在

證明

說某某屬性包含在一樣東西的本性或概念裡，就等於說這種屬性眞是這樣東西的，可以確信它在這樣東西裡面（定義九）。

然而必然的存在是包含在神的本性或概念裡的（公理十）。

所以眞能說必然的存在是在神裡面，也就是神存在。

這個三段論式跟我答覆第六條反駁時所用的一模一樣；它的結論是那些擺脫一切成見的人不用證明就能知道的，像第五個要求裡說的那樣。可是由於人們不容易達到這樣深刻的洞見，我們還要努力用別的辦法來證明這件事。

命題二　單從神的觀念在我們心中來後天地[24]證明神存在

證明

我們每一個觀念的客觀實在性都要求有一個原因，這原因裡面包含著這種實在性，不過並不是客觀地包含著，而是形式地或卓越地包含著（公理五）。

然而我們心裡有一個神的觀念（定義二和八），這個觀念的客觀實在性並不包含在我們心裡，既不是形式地、也不是卓越地包含在其中（公理六），它不能包含在別的東西裡面，只能包含在神裡面（定義八）。

因此這個在我們心中的觀念要以神爲它的原因；所以神存在（公理三）。

命題三　用心裡有神的觀念的我們自己存在來證明神存在

證明

如果我有能力保存我自己，那就有更強的理由認爲，我也會有本領給予我一切我所缺乏的完滿（公理八和九）；因爲這些完滿只是本體的屬性，而我自己是一個本體。

但是我沒有本領給予我這一切完滿；因爲否則我就已經具有這些完滿了（公理七）。

因此我沒有本領保存我自己。

此外，我之所以能存在，只有我的存在得到保存才行。這個保存者要麼是我自己，假定我有這種本領的話；要麼是另外一位有這種本領的（公理一和二）。

然而，我是存在的，可是我並沒有本領保存我自己，像上面證明的那樣。

因此我是由另外一位保存的。

此外，那位使我得以保存的，在自身內形式地或卓越地具有著我裡面的一切（公理四）。

然而，我心裡有許多我所缺乏的完滿的見解㉕，以及一位神的觀念（定義二和八）。

因此，這些完滿的見解也在那個使我得以保存的一位裡面。

最後，那位使我得以保存的並不能具有他自身缺乏的任何完滿的見解，也就是說，他並不在自身內形式地或卓越地具有著它（公理七）；因為，他既然有本領保存我，像剛才說的那樣，那就有更強的理由能夠把這些完滿給予他自己，如果他沒有的話（公理八和九）。

然而他具有我認為自己缺乏、只能理解為在神裡面的那一切完滿的見解，像上面證明的那樣。

因此他自身裡面形式地或卓越地具有這一切完滿，所以他就是神。

系

神創造了天和地，以及其中所包含的一切東西，除此以外，他還能夠按著我們理會的方式造出我們清清楚楚理會到的一切東西。

證明

這一切都是根據前面那個命題清清楚楚地得出來的。因為我們在那裡已經證明了神存在，這是由於必然有一個存在者，其中形式地或卓越地包含著一切在我們心裡有其觀念的完滿。

然而我們心裡有一個非常偉大的勢力的觀念，單是那個擁有這種勢力在自身中的存在者，就不僅創造了天和地等等，也創造了一切我們知道可能的其他東西。

因此，我們證明了神存在，也就隨著證明了這一切。

命題四　心靈和形體確實是有區別的

證明

凡是我們清清楚楚地理會[26]到的，都能由神按照我們理會到它的那個樣子造出來。

然而我們清清楚楚地理會到心靈，即思想的本體，並不帶著形體，即伸張的本體（要求二）；另一方面我們也清清楚楚地理會到形體，並不帶著心靈（這是每一個人都很容易同意的）。

因此，至少憑著神的全能，是可以有不帶形體的心靈，以及不帶心靈的形體的。

現在，那些可以一個不帶另一個的本體，是確實有區別的（定義十）。

然而心靈和形體是這樣一些本體（定義五、六、七），它們可以一個不帶另一個

（像我們剛才說的那樣）。

因此，心靈和形體是確實有區別的。

必須注意到，在這裡我用了神來作出我的證明；這並不是因爲需要有一種超乎尋常的勢力把心靈與身體分開，而是因爲我在前面那些命題裡僅僅討論了神，就不能根據別的、只能根據神作出證明。至於是什麼勢力把這兩樣東西分開的，並沒有多大關係，因爲我們知道它們確實是有區別的。

譯注

① 《第一哲學沉思集》一書正文後附錄的〈筆者對第二組反駁的答覆〉最後一部分。

② cogitatio，法譯作 la pensée。

③ 這句話是法譯本第二版增補的。

④ idea，法譯作 l'idée，指思想的形式，在心裡面，不同於柏拉圖的 idea（ἰδέα）之為事物的形式。

⑤ realitas objectiva，法譯 la réalité objective，指觀念中的實在性：這裡的 objectiva 是中世紀的用法，與近代的用法相反。

⑥ entitas，法譯作 l'entité ou l'être，指存在性。

⑦ 法譯本增補。

⑧ formaliter，法譯作 formellement：指不多不少地。

⑨ eminenter，法譯作 eminemment，指大大地。

⑩ 即理性或良知。

⑪ mens，法譯作 l'esprit，原指思想的主體，但法語 l'esprit 有歧義。

⑫ anima，法譯當作 l'âme，原指生命的主體，雖然也用來指思想的主體，但在一般人的心目中常常被看成鬼魂之類，所以笛卡兒不想用這個字。但是他所用的 mens 這個詞被譯成法語 l'esprit 也有歧義，所以法譯者將「我在這裡……有形體的東西」一句改為「我在這裡就叫它 Esprit。儘管如此，這個名稱卻是有歧義的，因為人們有時也用它來指一種非常精緻的液體；可是我不知道有什麼更恰當的名稱。」

⑬ extensio localis 或 extensio，法譯作 l'extension 或 l'étendue，指向長、寬、高三個方向伸展的立體性。舊譯「廣袤」或「廣延」，都只有長、寬兩個方向，是平面的意思。

⑭ corpus，法譯作 le corps，指立體的東西。舊譯「物體」、「身體」等，都只說到 corpus 的一方面。

⑮ Deus，法譯作 Dieu。

⑯ conceptus，法譯作 le concept，指在心裡形成的想法。

⑰ causa efficiens，法譯作 la cause efficiente，指發生作用的原因，也稱為動力因。

⑱ ens，法譯 l'être，指「那個是的東西」或「那個起作用的東西」。

⑲ 指屬性。

⑳ nihil，法譯作 le néant，指與「是者」相反的「不是者」。

㉑ prima et aedqua causa，法譯作 la cause première et totale，指最初的原因，也是全部原因，即神。

㉒ modus，法譯作 le mode，即情況。

㉓ 這一句原本所無，是法譯者增補的。

㉔ a posteriori，即根據事實、根據經驗。

㉕ perceptio，法譯作 l'idée ou la notion，指心中的形相。

㉖ percipimus，法譯作 nous concevons，指理性認識，並非感知。

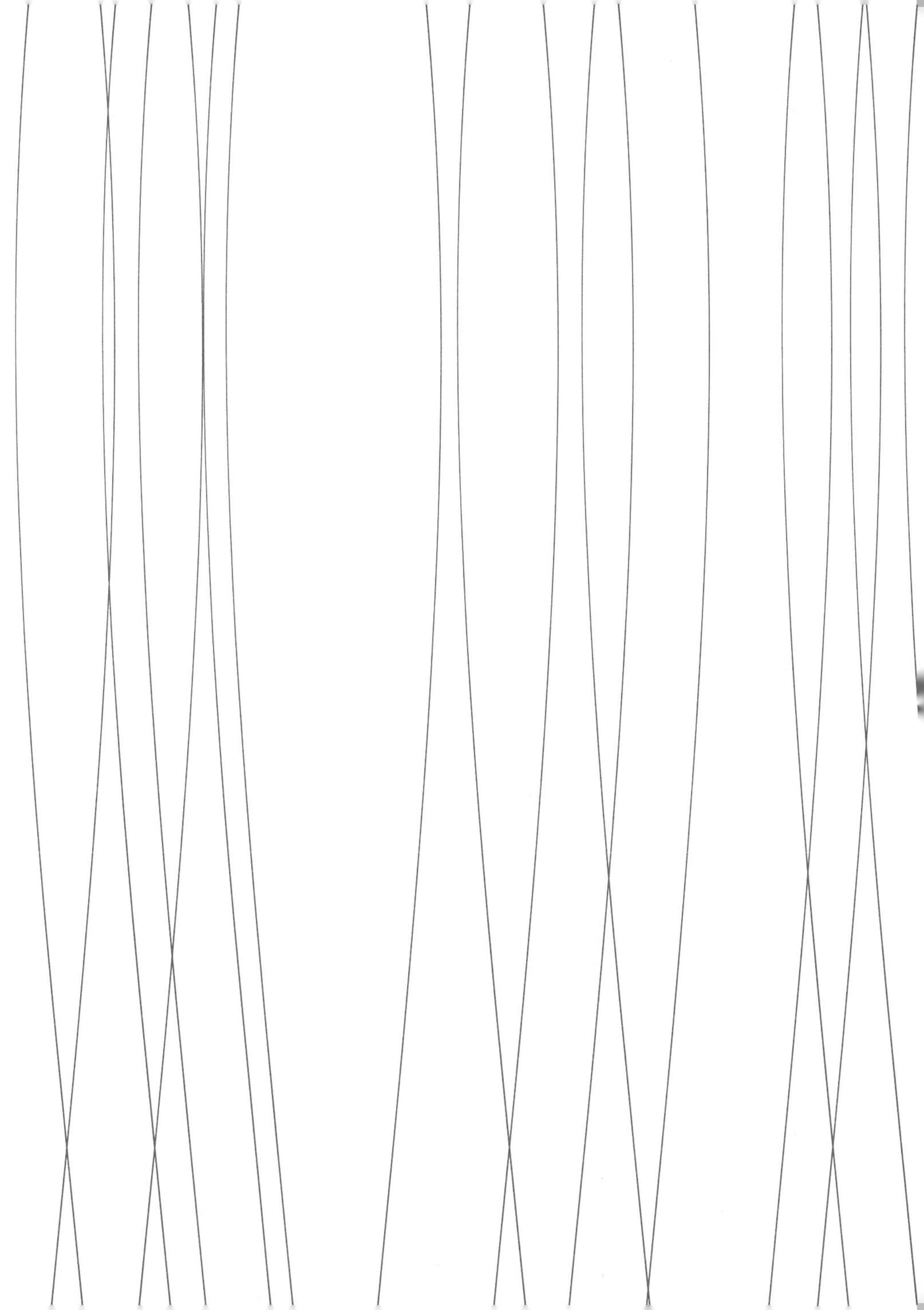

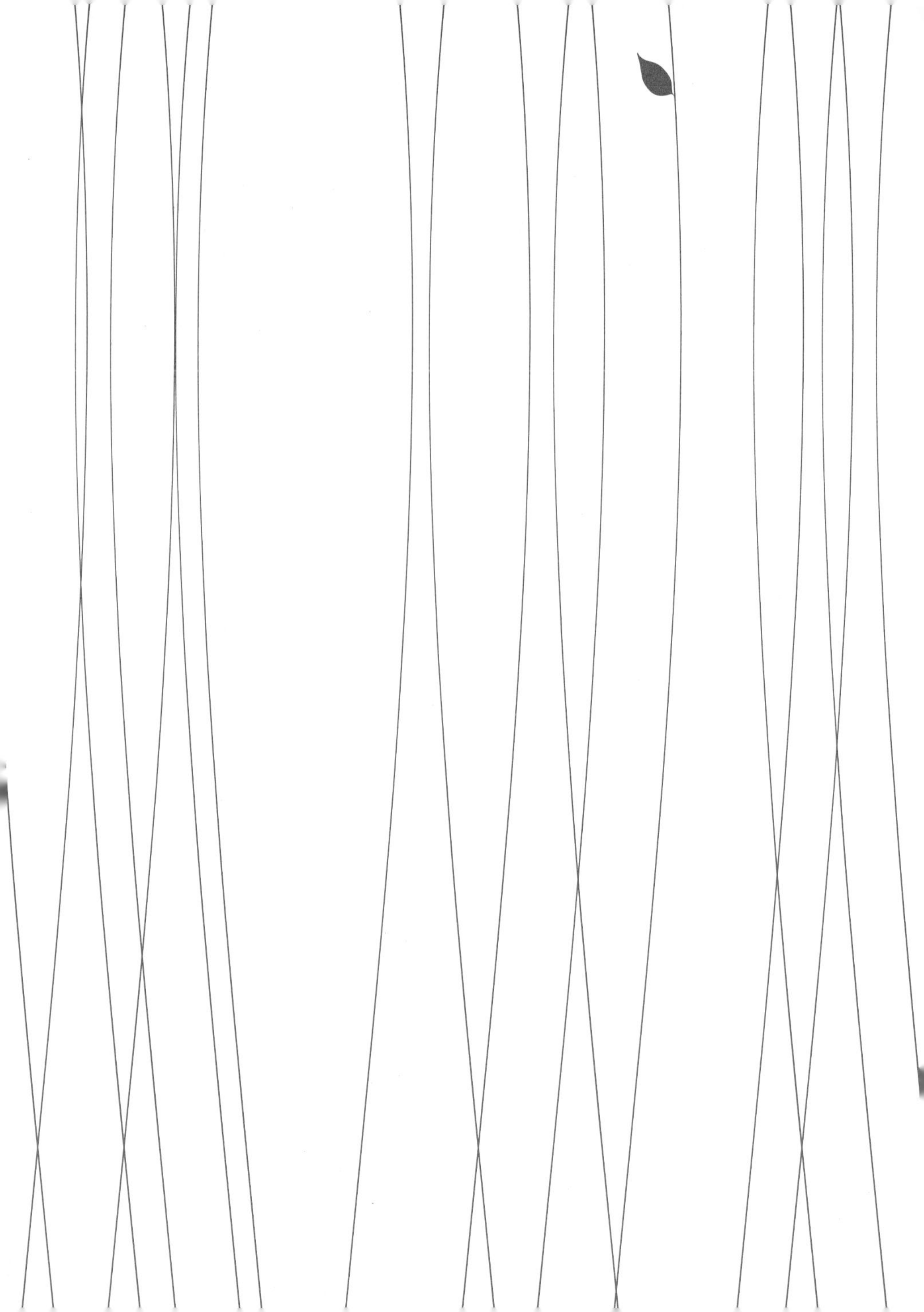